테레즈 다빌라
비서실장

장-폴 사르트르
기획관리실장

소크라테스
영업부장

스피노자
고객관리부장

데카르트
홍보부장

헤라클레이토스
콘텐츠개발부장

볼테르
영업1과장

루소
영업2과장

키르케고르
고객관리1과장

공자
고객관리2과장

토크빌
고객관리3과장

부르디외
콘텐츠개발1과장

몽테뉴
영업지원담당
(비정규직)

아렌트
영업관리담당
(비정규직)

쇼펜하우어
영업개발담당
(비정규직)

파스칼
고객지원담당
(비정규직)

데리다
유지보수담당
(비정규직)

장 필립 디외
사장

니콜로 마키아벨리
자문역

프리드리히 니체
인력자원실장

미셸 푸코
보안감시실장

프로이트
심리상담관

몽테스키외
법무부장

라이프니츠
회계부장

칸트
관리부장

디오게네스
콘텐츠개발2과장

벤야민
자료복사과장

드보르
자료기록과장

사드
총무과장

아리스토텔레스
관리과장

에피쿠로스
무보직사원
(비정규직)

아퀴나스
노조임원
(비정규직)

마르크스
노조위원장
(비정규직)

플라톤
인턴사원
(임시직)

BHL
배달사원
(비정규직)

철학 주식회사
미생 플라톤의 직장생활 체험기

Cet ouvrage a bénéficié du soutien des Programmes d'aide à la publication de l'Institut français.

이 작품은 프랑스문화원의 '출판 지원 프로그램' 지원을 받았습니다.

PLATON LA GAFFE
Survivre au Travail avec les Philosophes

철학 주식회사

미생 플라톤의 직장생활 체험기

만화 그린이 쥘   글쓴이 샤를 페팽   우리말 옮긴이 이나무

차례

21세기 어느 대도시. 졸업을 앞둔 대학생 하나가 인턴사원으로 현장학습을 하러 광고·홍보 분야에서 선두를 달리고 있는 어느 대기업을 찾아간다. 다행히도 그리스 출신 아버지 친척이 일하고 있는 이 회사에서 일할 기회를 얻은 이 젊은이는 앞으로 일주일 동안 직장 생활이 과연 어떤 것인지를 생생히 체험하게 될 것이다. 그의 이름은 케빈 플라톤이다.

케빈 플라톤?

내가 장 클로드 소크라테스라네.

코기톱 주식회사에 온 걸 환영하네.

자네 아버지를 쏙 빼닮았군.

자네가 여기서 일하는 동안, 내가 자네를 책임지고 관리할 걸세.

직장생활에 대해 이런저런 생각을 하고 왔겠지만,

눈에 보이는 게 전부가 아니라네. 그 너머를 봐야지.

자, 가세나. 자네 소지품은 내 '동굴'에 놓아두자고… 하하하.

인턴사원의 직장생활 엿보기
'일'이란 무엇인가

프랑스어로 '일(travail)'이라는 말의 라틴어 어원 tripalium이 반항하는 노예에게 가하는, 끔찍하게 길고 참혹한 고문 도구를 뜻한다는 사실을 알고 계십니까?

고대 희랍인들에게도 일은 결코 기분 좋은 활동이 아니었습니다. 인간의 본질적인 문제에 대해 사유하는 현자들의 고매한 활동과 비교할 때 일 혹은 노동은 번잡스럽고 쓸데없는 짓으로 여겼죠. 세상에는 일보다 훨씬 더 의미 있고 훌륭한 활동이 얼마든지 있다고 생각했기 때문이었죠. 친구들과 토론한다든가, 사랑하는 사람과 술을 마신다든가, 영원한 진리를 탐구하고 찬미한다든가, 아고라*에서 공공의 선에 대해 논쟁한다든가….

---

* 도시국가인 폴리스(polis)에 형성된 광장으로 고대 희랍인들은 이곳에서 민회(民會), 재판, 상업, 사교 등 다양한 활동을 벌였다. '아고라(Agora)'의 어원은 '시장에 나오다', '사다' 등의 의미가 있는 '아고라조(Agorazo)'에서 비롯된 것으로 정치, 경제, 사회, 문화 등 일상생활의 중심이 되면서 '사람들이 모이는 곳'이나 '사람들의 모임' 자체를 뜻하게 되었다. 희랍 도시국가에서 신전(神殿)과 주요 관공서가 있는 아크로폴리스(acropolis)가 정치와 종교의 중심지였다면, 아고라는 일상적인 활동이 이루어지는 시민 생활의 중심지였다.

그런 연유로 아리스토텔레스마저도 -물론 이것이 잘한 일은 아니지만- 노예제도를 정당화했습니다. 누군가는 밭에 나가 일을 해야, 고상한 사람들이 그런 하찮은 잡일에서 벗어나 자유롭게 민주적 토론이나 철학적 담론에 집중할 수 있었으니까요.

희랍인에게 자유인이란 무엇보다도 일에서 해방된 인간을 뜻했습니다. 그런 상황에서 가치는 '부동성'의 개념과 긴밀하게 연관되어 있었죠. 그렇게 플라톤보다 1세기 먼저 태어난 엘레아 학파의 시조 파르메니데스는 '절대'를 '움직이지 않는 단일체'로 정의한 바 있습니다. 플라톤도 진리를 '인식할 수 있는 세계에서 고정적으로 영원히 빛나는 사고'라고 했습니다. 따라서 일하는 사람을 이런 '진리'에서 멀어져 '필요'에 얽매인 채 '자유'를 포기한 활동을 하는 것으로 여겼습니다. 물론 플라톤이나 아리스토텔레스도 일상생활에 필요한 여러 가지 물건을 만들어내는 장인들의 뛰어난 솜씨를 칭송하는 글을 쓴 적은 있습니다. 하지만 이것은 매우 특별하고 예외적인 경우였고, 큰 바다와 같은 희랍적 사고와 비교하면 그야말로 물 한 방울만도 못한 가치가 있는 활동에 불과했죠. 이처럼 희랍인들은 일하는 사람, 노동하는 사람을 아무 의미도 없이 열심히 쳇바퀴를 돌리고 있는 다람쥐 같은 존재로 여겼습니다.

최초의 인간이 저지른 원죄 때문에 그 후손이 '일'이라는 '벌'을 받았다고 생각한 중세 기독교인들에게도 사정은 마찬가지였습니다. 그리고 보면 일에 '속죄'의 의미를 부여한 것은 모순인 것 같습니다. 왜냐면 일이 뭔가를 바로잡는 활동은 아니니까요. 일은 아무도 구원하지 않습니다. 이것은 창세기를 봐도 분명히 알 수 있습니다. 아담과 이브는 죄를 지었고, 그들은 그 죗값을 치러야 했습니다. 그들은 '바로잡을 수 없는' 짓을 했기 때문에 대대손손 죽도록 일해야 하는 벌을 받았습니다. 아담은 척박한 땅을 갈아야 했고, 자신이 지은 '원죄'를 속죄하기 위해 허리가 부러지도록, 자갈땅에 부딪히는 연장이 부서지도록 일해야 했습니다. 이브는 고통 속에서 아이를 '생산'해야 했죠. 그렇게 분만이라는 '일'은 이브에게 지옥이 되었습니다. 여러분도 신을 섬기고 계신가요? 그렇다면 당장 일을 시작하세요!

그러다가 종교개혁과 함께 개신교가 종교와 사고의 전면에 등장하면서 일의 가치에 대한 재평가가 이루어졌습니다. 막스 베버가 자신의 저서『프로테스탄트 윤리와 자본주의 정신』에서 설파했듯이 일을 신의 업적이 결실을 보게 하는 힘이 있는 인간 활동으로 여기기 시작했던 것이죠. 하지만 그 길은 멀고도 험합니다. 지금도 우리는 일자리에서 쫓겨날지 모른다는 걱정근심과 일하지 않고 살고 싶다는 허망한 꿈 사이를 오가며 이 길을 걸어가고 있습니다.

이처럼 우리를 '본질적인 것'으로부터 멀어지게 하는 일을 경계해야 합니다. 아침에 억지로 침대에서 일어나 고단한 일터로 나갈 때, 점심 후에 달콤한 낮잠을 포기하고 업무에 다시 매달려야 할 때, 우리는 일의 가치를 경시했던 고대 희랍적 사고와 일이 신의 업적을 빛내는 활동이라는 기독교적 사고 사이를 오가는 불쌍한 처지에 놓여 있다는 사실을 기억해야 합니다. 다시 말해 우리가 직장으로 출근할 때마다 2,500년 일의 역사가 뒤에서 우리를 지켜보고 있습니다.

바로 이런 엄청난 운명의 힘에 맞서 월급 몇 푼에 절대 영혼을 팔지 않는 젊은 인턴사원, 용감하고 전투적인 플라톤 군은 대기업 코기톱의 묵직한 유리문을 열고 안으로 들어갑니다.

자자, 제발 계집애처럼 징징대지 좀 말아요.

저…

여기는 초인들이 만들어가는 회사라고!

니체 실장님!

소크라테스 부장?

이번에 새로 온 인턴사원 플라톤입니다.

이번에도 희랍인?

희랍 친구들이 '능동적 차별'에 아주 재미를 들인 모양이구만.

15

인간적인, 너무나 인간적인
인력자원실

인력자원실에서 하는 일만큼 고단한 업무가 또 있을까요? 기업의 효율성과 직원들의 자기계발이라는 두 가지 과제 사이에서 끝없이 고민하는 이 부서에서는 직원들이 스스로 자신의 재능을 계발해서 기업의 실적을 올리는 아름다운 세상을 꿈꿉니다. 그러나 경제적 이유로 직원들을 해고해야 할 때 이 부서는 갑자기 냉혹한 현실의 벽에 부딪히고 말죠. 사실 '인력자원'이라는 말 자체가 참으로 모호합니다. 어찌 보면 이 말은 모욕적인 의미를 담고 있기도 합니다. 인간을 생산에 필요한 다른 수단들과 마찬가지로 '자원'으로 취급해도 괜찮은 걸까요? 하지만 달리 생각해보면 일은 각자에게 자신의 '인간적' 자원을 폭넓게 개발하는 기회를 제공한다는 의미로 해석할 수도 있을 것 같습니다.

인력자원실장으로 니체*를 선임한 회사의 결정은 놀랍기도 합니다. 니체는 모든 철학자 중에서 무리를 지은 인간들을 가장 혐오했던 인물이 아

프리드리히 니체(Friedrich Nietzsche, 1844~1900)의 계보학

독일의 저명한 근대 철학자로 초기에는 신학, 철학, 문헌학을 통한 인문학적 소양을 쌓았고 한때 쇼펜하우어와 바그너 음악에 심취하기도 했다. 1869년 스위스 바젤 대학에서 고전문헌학 강의를 시작했고, 1879년에 건강상의 이유로 자리에서 물러났다. 그는 합리주의 경향의 철학과 기독교 윤리 같은 기존의 사유를 철저하게 부정했는데, 이런 주장으로 그에게는 '망치를 든 철학자'라는 별명이 따라다녔다. 그는 기존의 철학적 사유의 토대가 된 이념과 그 발생론적 기원을 탐사하는 방식, 즉 계보학적 사유를 통해 이전 사상 체계의 전복을 꾀했다. 그의 계보학적 사유의 특징은 그 태생적 배경에서도 명확히 드러나듯이 인간의 사유를 구성하는 담론들을 선천적인 것이 아니라 후천적인 것으로 본다는 데 있다. 즉, 모든 담론과 가치들은 그 발생론적 기원을 탐사해보면 고정 불변의 절대적인 것이 아니라 상대적인 것이라는 사실과 그 발생 지점도 확인할 수 있다는 것이다. 따라서 어떤 시기에 절대적 진실처럼 보이는 담론과 가치들은 단지 일시적이고 가변적이다. 이처럼 그는 계보학적 사유를 통해 신, 이데아, 보편 정신뿐 아니라 이성과 합리주의 역시 한시적인 우상에 불과하다는 사실을 명료하게 밝혔다.

그는 인간 삶의 가장 근본적인 원동력을 '힘에의 의지'라고 규정했는데, 특히 힘에의 의지와 언어가 형성하는 접점에 관심을 기울였다. 그는 인간 내부에서 솟아나는 힘을 무엇보다도 중요하게 생각했고, 사회에는 힘을 능동적으로 발산하는 강자로서의 주인과 그것이 차단된 약자로서의 노예가 있다고 생각했다. 그런데 국가와 법을 만든 강자들은 '좋음과 나쁨'이라는 주인의 가치 체계를 세우는 반면, 약자들은 '선함과 악함'이라는 노예의 가치 체계를 따른다고 설명했다. 주인은 도덕적 판단의 힘을 갖춘 존재이기에 자신은 '좋고' 상대는 '나쁘다'는 식으로 '좋음과 나쁨'을 기준으로 삼지만, 힘없는 노예는 스스로 기준을 정하지 못하고 자신을 '나쁘다'고 규정하는 상대는 '악하고, 자신은 '선하다'는 식으로 늘 타인에게 대비되는 존재로서 자신을 한계 짓고, 주인이 규정하는 방식에 따라 자신이 규정된다는 사실에 원한을 품는다는 것이다. 이처럼 니체는 자기 내부에서 나오는 힘이 아니라 외부의 강요에 대한 반작용으로 도출되는 힘을 저열하고 부정적인 것으로 보았다.

이런 관점에서 그는 현실적 쾌락을 '악'으로, 내세에 대한 믿음을 '선'으로 상정하는 기독교가 역사와 예술과 문학, 그리고 인간의 온전성에 파괴적인 영향을 미쳤다고 보았다. 기독교는 이런 원한 감정에 바탕을 둔 종교이기에 그는 '신은 죽었다'며 날카로운 비판을 가했던 것이다.

님니까? 그는 '국가'라는 조직도 끔찍하게 싫어했고, 개체적인 '나'의 존재를 말살하는 '우리'라는 개념의 무게를 견디지 못했던 철학자였습니다. 그러니 히틀러 같은 독재자가 니체 철학 운운하면서 개망나니 같은 자기 계획에 끌어다 붙인 것은 지나가는 개가 웃을 한심한 모순이었습니다. 니체가 보기에 마치 기계가 찍어낸 것처럼 똑같이 생긴 사람들이 박자에 맞춰 똑같은 구호를 목이 터지게 외쳐대는 것보다 더 끔찍한 장면은 없었습니다. 게다가 그 연호를 독일어로 울부짖다니! 니체에게 그것은 최악이었습니다. 니체는 "맥주와 삶은 고기를 너무 많이 먹어 뒤룩뒤룩해진" 독일인들에 대한 혐오감을 여러 차례 토로한 바 있습니다. "모두 함께, 모두 함께, 예!" 이따위 구호는 니체와 한참 거리가 멀었습니다! 『선악의 저편』을 쓴 저자에게는 오로지 개별적인 것, 고유한 것, 유일한 것만이 가치가 있었지만, 군중은 이런 개별성의 위대함을 늘 위협하고, 집단의 논리는 개인의 고유성을 늘 말살하려고 합니다.

그렇다면, 코기톱 그룹은 왜 니체 같은 인물을 인력자원실장에 임명했을까요? 기업은 도덕성을 추구하는 조직이 아니고, 기업의 목표가 악에 대한 선의 승리가 아니라 오로지 이익을 내는 데 있다면, 왜 니체 같은 인물을 채용했을까요? 코기톱은 교회가 아닙니다! 칸트는 타자에 대한 자아의 도덕적 관계를 정의하면서 '타자를 수단이 아니라 목적으로 대하는 관계'라고 밝힌 바 있습니다. 칸트의 말을 따르자면, 회사에서 내가 만약 어떤 성과를 위해 동료나 부하 직원의 재능을 이용했다면, 나는 그를 수단으로 삼았으니 부도덕하게 행동한 셈입니다. 그러나 니체가 인력자원실장을 맡고 있는 상황에서 한 가지 분명한 사실은 '어쨌든 도덕이라는 것은 존재하지 않는다!'는 것입니다. 소위 선과 악의 보편적 가치라는 것은 영구불변하는 진리가 아니라 그저 어떤 시기, 어떤 장소에서 인간이 만들어낸 것에 불과하니까요. 니체가 『도덕의 계보학』에서 말했듯이 선과 악에는 어떤 본질적인 근거가 있는 것이 아니라 단지 '계보' 안에서만 의미가 있을 뿐이라는 겁니다. 다시 말해 선과 악은 어떤 인간 집단이 역사의 어떤 순간에 다른 사람들을 지배하면서 그들에게 자신들의 세계관을 강요하는 방식의 표현일 뿐이라는 겁니다. 게다가 도덕적 가치라는 개념에서 니체가 가장 혐오했던 것은 그것이 '하늘에서 내려주신 것'이기에 우리는 그것을 무조건 받아들여야 한다는 믿음이었습니다. 인간은 도덕적 가치를 창조할 수도 없고, 거기에 문제를 제기할 수도 없다는 이런 믿음이야말로 깨부숴야 할 우상이라고, 니체는 보았던 것이죠.

그러나 정작 니체가 선언한 도덕의 종말은 사실상 윤리학의 새로운 지평을 열었습니다. 여러 가치가 정기적으로 재검토되고 늘 문제가 제기되는, 끊임없는 조정과 토론의 시대가 니체 덕분에 열렸던 겁니다. 이제 우리는 '가치'라는 것을 보편적이고 항시적인 것이 아니라 시대와 장소와 실천 방식에 따라 달라지는 상대적인 것으로 간주하고 있습니다. 그러고 보면 이것은 기업 윤리 차원에서 가장 바람직한 정의가 아닐까요? 가치라는 것이 그때그때 달라진다니 말입니다. 게다가 니체가 이 젊은 인턴사원의 코앞에 들이대고 흔드는『선과 경영(악)의 저편』이라는 책에도 그렇게 쓰여 있지 않습니까? "신은 죽었다. 이제 우리가 스스로 가치를 창조해야 한다!" 그래서 코기톱의 대형 회의실에서 벌어지는 각각의 회의에, 각각의 브레인스토밍에 매번 새로운 의미가 부여되는 것 아니겠습니까?

24

프로세스, 프로세스
기업의 관행

코기톱에는 빵빵한 철학자 임직원들이 포진하고 있지만, 이곳 역시 오늘날 수많은 기업을 휩쓸고 있는 기이한 현상을 피해 가지는 못했습니다. 바로 '프로세스'에 대한 무분별한 숭배입니다. 요즘에는 영어 한마디 못하는 사람도 '프로세스'라는 말을 입에 달고 삽니다. 원래 이 말은 좋은 뜻을 담고 있었죠. 반복적인 행위의 과정을 현명하게 예측해서 그 효율성과 생산성을 높인다는 의미였으니까요. 즉, 경험적으로 그 효과가 인증된 '관행'을 말하는 겁니다. 예를 들어 프로세스를 따르는 고객지원 담당자는 다음과 같이 기계처럼 자동으로 고객의 요구에 대응합니다.

1) 자신을 소개한다.
2) 정형화된 표현으로 자신이 고객지원 담당자임을 알린다.
3) 고객에게 제시하는 세 가지 이유 중 어떤 것 때문에 고객지원 서비스를 요청하는지 묻는다.

4) 고객에게 답변을 준비하는 동안 잠시 기다려달라고 말한다.

이런 프로세스는 과연 어떤 결과를 낳을까요? 고객은 기계와 대화하는 듯한 인상을 받고, 창의력도 순발력도 없는 불통 먹통 회사에서 제품을 샀다며 후회하지 않을까요?

어느 기업이나 자부심을 품고 있는 자신만의 방식이 있게 마련입니다. 어떤 회사에 입사하고 거기서 일한다는 것은 그간 그 회사가 효과가 입증된 규칙에 따라 완성한 프로세스들의 복잡한 체계를 따르고 거기에 적응한다는 것을 의미합니다. 그 회사에서 통용되는 규칙을 지키지 않고 혼란을 일으키는 행동은 괘씸죄로 여겨져 용서받기 어렵습니다. 이런 규칙과 관련해서는 어떤 방종도 어떤 실수도 용납되지 않습니다. '프로세스가 최고'인 이런 세계에서 '직감에 따라' 행동하는 것은 그 기업에 대한 최악의 모욕이 됩니다. 케빈 플라톤은 바로 이 점을 예측하지 못했던 겁니다. 코기톱에서 통용되는 프로세스를 몰랐던 케빈 플라톤은 두 대의 자판기 앞에서 아무도 왼쪽에 있는 기계를 사용하지 않는다는 암묵적인 규칙을 모르고 자기 본능에 따라 행동하는 잘못을 저질렀습니다. 직장생활이라는 게 바로 이런 겁니다. 어떤 사람에게는 규칙인 것이 다른 사람에게는 완벽하게 무의미한 것일 수도 있습니다. 하지만 각자는 자기 운명에 따라 자기 몫대로 살아갑니다. 회사에 처음 입사한 사원들은 그곳에서 이전에 알고 있던 것과 전혀 다른 규칙들이 통용되고 있고, 그것이 마치 아무도 이의를 제기할 수 없는 절대적인 필연성이라도 있다는 듯이 각자에게 부과된다는 사실을 깨닫게 됩니다.

그러나 우리는 플라톤의 행동을 조금 다르게 해석할 수도 있습니다. 그가 희랍 시대 독약으로 유명했던 독당근 즙이 나오는 왼쪽 자판기로 갔던 것은 실수가 아니라 이번에야말로 소크라테스를 '한방에 보내겠다'는 무의식적인 욕구의 표출, 착행증(parapraxis), 곧 '프로이트의 실수(Freudian slip)'라고 부르는 현상이었는지도 모른다는 겁니다. 이 장면은 매우 모호했던 두 사람 관계의 긴 역사를 반영합니다. 그들이 희랍에 있던 시절에 사형선고를 받은 소크라테스는 밤에 독배를 마실 시각을 기다리고 있었죠. 그의 모든 제자가 스승 곁에서 스승을 에워싸고, 스승의 마지막 유언을 듣고, 스승의 흔들림 없는 용기를 칭송하고 있을 때 플라톤만은 그 자리에 없었습니다. 그는 스승의 임종을 지키러 오지 않았던 겁니다. 소크라테스의 수제자, 소크라테스의 철학적 유산을 물려받은 후계자로 알려진 플라톤이 그 자리에 없었던 까닭은 무엇일까요? 그의 부재는 지금도 여전히 수수께끼로 남아 있습니다. 스승을 떠나보내야 하는 상황이 너무도 괴롭고 두려웠던 걸까요? 아니면 갑자기 어디가 아팠던 걸까요? 휴가를 떠났던 걸까요? 아무도 속 시원하게 대답을 들려주지 않지만, 이미 2,500년 전부터 이런 소문이 돌고 있었습니다. 즉, 플라톤은 죽어가는 스승 앞에서 좋아하는 기색을 감추지 못하고 히죽히죽 웃게 될 것이 두려워 스승의 임종 현장에 나타나지 않았다는 겁니다. 그리고 그 본능적 힘이 아직도 남아 있어서 결국 그를 왼쪽 자판기로 향하게 했다는 해석이 가능하다는 것이죠.

* 1570년 몽테뉴는 보르도 고등법원 참사 직을 그만두고 나서 1592년 죽을 때까지 글을 썼다. 이 글을 모아 '에세(Les Essais)'라는 제목으로 세 권의 책을 출간했다. 이 책은 '에세이'라는 문학 장르의 효시가 되었다. 우리나라에서는 이 책의 제목을 '수상록'이라고 번역하여 출간하기도 했지만, 프랑스어로 에세(essai)는 '시도', '시험' 등의 뜻을 담고 있다. 몽테뉴가 책에 이런 제목을 붙였던 이유는 스스로 어떤 주제에 대해 묻고 답하는 성찰의 내용을 담았음을 알리기 위해서였다.

오픈 스페이스
사생활 대방출

오픈 스페이스는 '쿨한 스타일의 극상'이라는 탈을 쓴 극한의 감시 체계가 현실화한 공간입니다. 말이 좀 복잡했습니다만, 완전히 개방된 사무실에서는 여자 친구한테 전화 한번 마음대로 걸 수 없습니다. 주위 사람들 눈치가 보여서 전화로 달콤한 말 한마디 나눌 수 없기 때문이죠. 사무실 사람들이 모두 듣고 있으니, 장난으로라도 회사 욕 한마디 할 수 없습니다. 모두 일에 열중한 척하면서도 귀는 쫑긋 세우고 있으니까요. 서류를 읽으면서 느긋하게 코를 후비는 것은 상상조차 할 수 없는 일입니다. 모두가 지켜보고 있으니까요. 전통적 형태의 사무실 칸막이들을 모두 없애버리고 투명하고 솔직한 분위기의 사무실을 만들겠다는 구실로 회사가 직원들에게 업무 공간으로 오픈 스페이스를 강요하는 것은 전체주의적 발상입니다.

오픈 스페이스에서는 각자의 존재가 적나라하게 노출됩니다. 사적 공간이라는 게 없죠. 공적 공간이 각자의 사적 공간을 모두 집어삼켜 버리기 때문입니다. 한나 아렌트*는 정치적 전체주의를 "국가가 개인의 모든 영역에 개입해서 각자의 가정, 각자의 침실에서 일어나는 일까지 간섭하고 공적 공간과 사적 공간의 경계가 존재하지 않는 체계"라고 정의했습니다. 그녀가 스탈린이 지배하던 국가를 '거대한 열린 공간'으로 정의했던 시기에는 그래도 일반 기업에까지 이런 이념적 형태의 공간 구성이 유행하지는 않았죠.

코기톱에서 사무 공간을 오픈 스페이스로 바꾸겠다고 했을 때 직원들은 뭔가 이상한 반응을 보였습니다. 정작 그런 변화를 좋아해야 할 사람들은 싫어하고, 싫어해야 할 사람들은 오히려 좋아하니 이상한 반응이라고 말하지 않을 수 없죠. 늘 사람들의 시선을 받으며 살았고, 사생활 보호 따위는 개나 주라면서 공공장소에서 수음까지 했던 디오게네스는 사무실을 오픈 스페이스로 만들겠다는 결정을 열렬히 환영하기는커녕 오히려 자신의 특권에 대한 침해이자 위협으로 받아들입니다. 왜 그럴까요? 참 이상한 반응 같지만, 그 이유는 간단합니다. 그는 사람들이 대부분 남의 눈을 피해 숨어서 하는 짓을 공공연히 하는 '유일한' 인물로 남고 싶었기 때문입니다. 사무실이 오픈 스페이스가 되면 디오게네스 같은 사람들이 여기저기서 나타날 테니, 그는 자신의 위대함을 모방하는 짝퉁 디오게네스들이 늘어나는 것을 원치 않았던 겁니다.

루소 역시 오픈 스페이스 계획에 격렬히 반대했어야 합니다. 그는 연극 무대처럼 되어버린 세상과 사회적 삶의 위선을 극도로 혐오했고, 자신의 모든 작품을 통해 '비밀의 정원'을 가꾸고 '고독한 몽상'을 지키기 위해 끝까지 투쟁했던 사람이었으니까요. 그런데 모든 사회적 현실의 이면에 숨어 있는 '악'을 보는 데 익숙한 이 편집증적인 철학자가 오히려 오픈 스페이스 계획에 찬성하고, 왜 그러는지는 잘 모르겠지만 심지어 '코기톱에도 민주 혁명'의 시대가 왔다고까지 말합니다.

한나 아렌트(Hannah Arendt, 1906~1975)

독일 하노버 근교에서 태어나 5세 이후 쾨니히스베르크에서 성장했다. 어린 시절부터 왕성한 지적 호기심을 보이고 평생 유대인으로서 자의식을 잃지 않았는데, 이는 그녀의 삶과 사상에 큰 영향을 미쳤다. 마르부르크 대학에서 철학·신학·희랍어 등을 배우던 중 자신을 가르치던 교수였던 마르틴 하이데거와 사랑에 빠졌다. 하지만 유부남이자 열일곱 살이나 연상이었던 하이데거와의 사랑은 지속하지 못했다. 하이델베르크와 프라이부르크에서 공부를 계속한 아렌트는 1928년 칼 야스퍼스의 지도를 받으며 아우구스티누스의 사랑의 개념에 대한 논문을 발표하여 박사학위를 받았다. 1929년 철학자 귄터 슈테른과 결혼했고, 같은 해 독일 학술구제협회의 지원을 받아 라엘 바른하겐의 전기를 집필하기 시작해 1938년 프랑스에서 망명 생활을 할 때 완성했다.

1933년 유대인이라는 이유로 게슈타포에 체포되었다가 석방된 후 파리로 도피했으며, 그녀의 스승인 칼 야스퍼스가 하이델베르크 대학에서 추방되었다는 소식을 듣고 큰 충격에 빠졌다. 파리가 나치에 의해 점령되자 1941년 미국으로 건너가 뉴욕에 정착하고 1951년 미국 시민권을 얻을 때까지 무국적 상태로 살았다. 뉴욕에서 『건설』, 『파르티잔 리뷰』 등 잡지에 글을 기고했으며, 유대인의 문화유산을 지키기 위해 설립된 유대문화 재건기구의 의장으로 활동했다. 또 나치스에 대해 연구하여 1951년에 간행한 『전체주의의 기원』으로 명성을 얻었다. 그녀는 이 책에서 전체주의는 심각한 위기이며 광기라고 역설하면서 민족국가의 쇠퇴와 계급사회의 붕괴는 전체주의가 태동하는 계기가 되었다고 주장했다. 1953년부터는 프린스턴·케임브리지·버클리·시카고 대학 등에서 학생들을 가르쳤다.

제1, 2차 세계대전과 6·25전쟁, 베트남전쟁, 흑인 인권운동, 1968년 학생운동 등 세계사적 사건을 두루 겪으며 20세기를 사상적으로 성찰하게 된 그녀는 전체주의에 대한 통렬한 비판을 서슴지 않았다. 특히 사회악과 폭력의 본질에 대해 깊이 연구하여 『폭력의 세기』를 집필했으며, 1961년에는 『뉴요커』의 특파원으로 아이히만 전범재판에 참석한 뒤 『예루살렘의 아이히만: 악의 진부성에 대한 보고』를 발표하여 전 세계적으로 큰 반향을 일으켰다.

그녀는 스승 하이데거의 현상학적 실존주의를 정치이론에 적용하여 현대 사회에서 방향성을 잃은 군중의 '세계 상실'을 이야기했다. 파시즘과 스탈린주의 등 전체주의에 대한 그녀의 분석은 오늘날까지도 그 탁월성을 인정받고 있으며 '악의 진부성'이라는 개념은 나치의 인종차별적 대학살의 성격을 정확하게 설명했다는 평가를 받고 있다.

반면에 몽테뉴는 이런 변화에 대해 별로 말이 없습니다. 어쨌든 그는 직장생활 전반에 문제를 제기하고 있는 만큼, 칸막이 사무실이든 오픈 스페이스든 그것이 그리 중요한 문제라고는 생각하지 않는 것 같습니다. 이미 루소 이전에 몽테뉴는 '인간의 내면'이라는 수수께끼를 풀려고 했던 인물이었죠. '내가 무엇을 아는가(Que sais-je?)'라는 질문을 던지며 자신을 성찰하고 내면을 묘사한 그의 작품 『에세(Les Essais)』를 보면 그는 '정체성'이라는 것이 얼마나 유동적인지를 잘 알고 있었습니다. 이처럼 그는 '정체성'이라는 허울을 벗겨내고자 했던 초기 철학자 중 한 사람이었죠. 실제로 정체성의 정체를 포착하려고 할 때마다 그것은 조금씩 모습을 바꿔가며 미꾸라지처럼 빠져나갑니다. 인간의 내면은 매일, 매 순간 달라지는 것인 만큼, 그것을 결정적으로 포착하기는 쉽지 않죠. 이처럼 까다로운 정체성을 이해하는 데에는 문학이 큰 역할을 하고 있습니다.

　어쨌든 코기톱이 조금 별나긴 하지만, 그래도 프로들이 모여 일하는 기업임은 틀림이 없습니다. 그리고 회사는 각각의 직원이 이룩한 성과에 따라 그들을 평가할 뿐, 그들의 '시도(essais)'를 평가의 대상으로 삼지는 않죠. 직원의 오락가락하는 '생각'이 아니라 오직 직원의 확고한 '자질'에 따라 평가하죠. 몽테뉴와 인력자원실장과의 대화에서도 드러나듯이 월요일에는 능력을 발휘했다가 수요일에는 멍청이가 되어버리는 사람은 기업에서 쓸모가 없습니다. 화가 치민 인력자원실장은 소리칩니다.
　"내가 당신 수요일에 잘라버릴 거야."

감시인가 관음증인가
감시와 처벌

세상에는 세 가지 종류의 기업이 있습니다.

우선 달성한 목표에 따라서만 직원을 평가하는 기업이 있습니다. 그들이 일과 시간을 어떻게 보내든, 어떤 방법과 수단으로 일하든, 넥타이를 매든 노타이 차림이든, 인터넷 사이트를 돌아다니든, SNS에 푹 빠져 있든, 상관하지 않습니다. 직원들은 자기가 원하는 대로 자유롭게 시간을 관리하죠. 어느 길로 가든 목적지에만 도착하면, 결과만 내면, 전혀 문제없습니다. 이처럼 얼마 전부터 재계에는 새로운 유형의 사장들이 등장했습니다. 선입견과 고정관념에서 해방된 이들은 사무실에 갑자기 들이닥쳐 직원들이 무엇을 하고 있는지를 감시하고 이에 따라 그들을 평가하는 짓 따위는 하지 않습니다.

그런가 하면 가부장적인 전통적 형태의 기업도 여전히 존속하고 있습니다. 이런 기업에서는 직원의 실적만이 아니라 인상도 평가의 중요한 기준이 됩니다. 사실 '인상'이라는 것은 주관적이고 달라질 수도 있지만, 사장은 7층 자기 방에서 내려와 불시에 사무실에 들이닥쳤을 때 직원들에게서 받았던 인상에 큰 영향을 받습니다. 물론 이런 부류의 사장들도 이 같은 평가가 합리적이지 않다는 것을 잘 알고 있고, 또 다른 때에 사무실에 들렀다면 직원들에게서 다른 인상을 받았으리라는 사실도 잘 알고 있습니다. 하지만 어쩔 수 없습니다. 마치 예수의 열두 제자 중 의심 많은 도마처럼 그들은 직접 눈으로 본 것만을 믿습니다. 설령 그들이 본 것이 별것 아니라고 해도 달라질 것은 없죠.

세 번째 유형의 기업은 두 번째 유형과 비슷하지만, 직원들에 대한 감시가 산발적으로 이루어지는 것이 아니라 아주 과학적으로 조직화되어 있다는 점이 다릅니다. 이런 감시 방식은 사장이 얼마나 자주 사무실에 들르느냐, 혹은 밀고자들이 얼마나 고자질을 잘하느냐와 무관하게 최첨단 시설을 갖춘 감시 체계를 통해 작동합니다.

여러분은 코기톱이 이 세 번째 부류의 회사는 아니라고 생각할지도 모르겠습니다만, 그것은 미셸 푸코 보안감시실장의 막강한 영향력을 모르기에 그런 순진한 생각을 하는 겁니다. 68혁명 세대 많은 이가 그랬듯이 푸코도 권력에 대한 비판을 방법론으로 재활용해서 그 자신 역시 권력을 거머쥐고 다시는 놓지 않았습니다. 예리한 이론가이자 가공할 역사가였던 그는 코기톱에서 일하기 전부터 이미 놀라운 명철함으로 사회적 통제는 언제 어디서나 이루어지고 있음에 주목했습니다. 우리가 당연히 감시하고 통제해야 한다고 믿는 병원이나 군대 같은 조직만이 아니라 권력은 사회의 모든 조직, 모든 구성원을 항시적으로 감시하고 통제하고 있다는 것이 그의 주장이었습니다. 그러나 처음에 권력의 항시적이고 편재적인 통제에 대해 매우 비판적이었던 그는 갑자기 태도를 바꿔 가장 좋은 대우 조건을 제시하는 곳에 자신의 지식을 제공하겠다고 나섰습니다. 그리고 그곳이 바로 코기톱이었던 겁니다. 그는 자신이 직접 설계한 보안감시 체

미셸 푸코(Michel Paul Foucault, 1926~1984)와 감시

명망 있는 외과 의사의 아들로 태어나 파리 고등사범학교를 졸업하고 나서 파리 뱅센 대학을 거쳐 1970년 이래 콜레주 드 프랑스 교수를 지냈다. 그는 1961년 출간된 박사 논문『광기와 문명』에서 1984년 6월 그의 죽음과 거의 같은 시기에 출간된『성의 역사』2, 3권에 이르기까지 권력과 주체의 문제에 대해 숙고했다. 그는 자신의 주요 이론적 준거가 담론, 권력, 주체였다고 밝힌 바 있다. 그리고 특히 1975년 주요 저작인『감시와 처벌』에서 중세부터 현대에 이르기까지 감금의 역사를 통해 권력의 작동 방식을 분석하기도 했다. 이 책에 '파놉티콘(panopticon)'이라는 용어가 나오는데, 이는 18세기 영국의 공리주의 철학자 벤담이 고안한 독특한 건축물의 구조를 가리킨다. '원형 감옥'이라고 부르기도 하는 둥근 형태의 파놉티콘은 극소수의 감시자가 다수의 수감자를 360도의 시야를 통해 한눈에 감시할 수 있어 최소 비용으로 최대의 감시 효율을 낼 수 있는 건축학적 구조다. 바로 이런 점에서 시선이 곧 권력이라는 해석이 나오기도 했다.

벤담은『파놉티콘』(1791) 서문에서 "건축의 간단한 아이디어를 통해 도덕이 교화"될 수 있다고 했는데, 푸코는 파놉티콘을 통제적 권력의 속성으로 확장하여 이해했다. 그는『감시와 처벌』에서 "감옥이 공장, 학교, 병영, 병원을 닮았고, 또 이 모든 기관이 감옥을 닮은 것이 놀라운 일인가?"라고 반문한다. 즉, 근대에 구축된 새로운 제도들은 개별 주체들을 일상화된 감시와 통제를 통해 길들이고, 이런 규율적 권력의 지배를 받는 종속적 대상이자 수단으로 전락시킨다는 지적이다. 특히 파놉티콘은 '봄(감시자)'과 '보임(피감시자)'이라는 시선의 비대칭성을 극명하게 드러내는데, 푸코는 서구의 근대성이 이 같은 시각 중심적인 인식론을 근간으로 형성되었음을 설득력 있게 분석했다.

아울러 그는 이런 인식론을 지식이나 권력관계를 매개로 사회·정치철학적 지평으로 확장하여『임상의학의 탄생』에서는 의사와 환자의 지식 차이와 권력관계에 주목하기도 했다. 즉, 의학적 지식으로 권력을 확보한 의사는 그의 시선을 수동적으로 수용해야 하는 환자에게 원천적으로 우위에 설 수밖에 없다는 것이다. 이런 비대칭적 관계는 권력을 거머쥔 법조인, 정치가, 전문 경영인 등 전문성을 표상하는 전문가 집단을 통해서도 사회에 광범위하게 퍼져 있다. 이처럼 그는 담론, 권력, 주체에 대한 독창적인 성찰을 통해 뛰어난 업적을 남겼다.

계로 전 직원을 완벽하게 통제하고 감시할 수 있다며 단숨에 코기톱 사장의 마음을 사로잡았습니다. 게다가 이 감시 체계가 본질적으로 매우 철학적이라는 점을 알리는 것도 잊지 않았죠. 실제로 그의 발상은 눈에 보이는 현상 이면에 숨어 있는 것을 보겠다는 희랍 철학의 영원한 과제를 완수하는 길이기도 했습니다. 그렇게 업무 시간에 인터넷 도박 사이트에 접속한 파스칼도 여러 차례 꼬리가 밟혔죠.

그러나 이런 것들이 본질적인 문제는 아닙니다. 왜냐면 파스칼에게는 -미셸 푸코는 이점을 이해하지 못하겠지만, 감시 카메라나 모니터가 모든 것을 보여줄 수는 없습니다- 인터넷으로 도박을 하든 양심적으로 열심히 일하든 마찬가지였습니다. 왜냐면 일이든 노름이든 인간 조건의 어려운 진실, 즉 우리가 혼자 방에 틀어박혀 있을 때 직면할 수밖에 없는 '권태(ennui)'에서 벗어나기 위한 수단이라는 점은 똑같기 때문입니다. 파스칼은 이 권태의 궁극에 '죽음'에 대한 생각이 있고, 그것은 예외 없이 우리를 신에게로 인도한다고 보았습니다. 이처럼 우리가 자기 방에서 나와 일을 하거나 전쟁을 하거나 도박을 하는 것은 파스칼이 말했듯이 그 권태를 잠시나마 잊고, 우리가 언젠가는 죽는 존재라는 사실을 외면하고자 '딴전(divertissement)'을 피우며 진실로부터 '도피'하는 행동입니다. 즉, 신을 피해 딴전 피우는 일에 탐닉하는 것이죠. 파스칼은 이것을 잘 알고 있었습니다. 그는 딴전을 피우려고, 즉 신의 얼굴을 보지 않으려고 코기톱에 입사했던 겁니다. 파스칼은 푸코가 늘 자신의 일거수일투족을 감시하고, 자신을 벌줄 생각만 하고 있다는 것을 잘 알고 있었습니다. 하지만 어찌 보면 파스칼은 푸코가 그렇게 해주기를 바라고 있었는지도 모릅니다. 그렇게 회사에서 잘리면 어쩔 수 없이 신을 찾게 될 테니까요.

* 코기톱 주식회사 사장의 이름 '장 필립 디외(Jean Philippe Dieu)'에서 디외(Dieu)는 프랑스어로 신(神)을 뜻한다.

* 파스칼은 초년 시절 자유사상가들과 어울리고 사교계에 출입했으나 종교적 체험 이후 프랑스
의 얀센파 본산인 포르 루아얄(Port Royal) 수도원에 들어가 종교에 귀의했다. 화면에 보이는
인터넷 도박 사이트 '카지노 포르 루아얄'은 이에 대한 풍자다.

▶ 파스칼은 이성을 신뢰할 수 없다면, 신의 존재를 믿는 것은 믿지 않는 것보다 좋은 '도박'이라고 주장했다. 즉, 신이 존재하는데 신을 믿는다면 사후에 큰 보상을 얻지만, 믿지 않는다면 큰 보상을 잃는다. 반면에 신이 존재하지 않는데 신을 믿는다면 세속적으로 약간의 손해를 볼 수 있지만, 믿지 않는다면 얻는 것도 잃는 것도 없다. 따라서 도박의 기대치 관점에서 보면 신을 믿는 것이 믿지 않는 것보다 훨씬 이득이라는 것이다.

디오 씨는 원래 '가족형 중소기업' 자금을 대출받아 회사를 운영하고 있었는데 …

자연 펀드가 코기톱의 주식 대부분을 매입한 뒤로는…

디오 씨가 이 회사 경영에 목소리를 내지 못하게 된 걸세.

스피노자 부장!

아, 토마스 아퀴나스가 저기 오는군.

토마스는 비정규직이고 노동조합 임원이야. 알아두게.

쓸데없이 인턴사원 겁주지 마시오!

나의 신, 나의 사장!
사장은 어떻게 사는가

———— ❖ ————

　모든 사장은 '거기 없으면서도 거기 있는 것'이 리더에게 꼭 필요한 능력이라는 것을 잘 알고 있습니다. 런던에서 회의에 참석하고 있든, 이탈리아 해변에서 휴가를 즐기고 있든, 직원들은 그가 늘 가까운 곳에서 자신을 지켜보고 있다고 믿습니다. 그가 세상 반대편에서 멋진 레스토랑 메뉴판에 코를 박고 있는 동안에도 직원들은 뒤통수에 사장의 시선을 느끼며 열심히 일하죠. 이런 능력은 바로 '위임(délégation)의 기술'이라는 것에서 비롯합니다. 자신이 스스로 모든 것을 직접 관리할 수 있다는 미성숙한 환상에 빠져 있는 사장은 절대 위대한 리더가 될 수 없습니다. 마지못해 자기 권한을 임직원들에게 위임하는 사장도 진정한 리더가 될 수 없습니다. 큰 그림을 그리려면 단지 '위임하는 것'만으로는 부족합니다. '위임하기를 좋아해야' 합니다. 그리고 적절한 자리에 적절한 인재를 배치해서 사장이 없더라도 모든 것이 잘 돌아가게 할 줄 알아야 합니다. 그가 업무 현장에 있든 없든 간에 그가 책임과 권한을 위임한 사람들이 그의 손발이

되고 그의 눈이 되어 그의 리더십을 구현해야 합니다. 이처럼 사장의 진정한 권력은 그가 다른 사람들에게 허락한 자유재량권을 통해 실현됩니다. 반면에 사장이 모든 권력을 쥐고 있다면 임직원들은 사장의 주도 뒤에 숨어 경직된 상태로 하수인 노릇이나 하거나 열정 없이 복지부동하며 사리사욕을 챙기겠죠. 카라얀은 "오케스트라를 지휘하는 기술은 단원들이 불편해하지 않도록 지휘봉을 내려놓을 줄 아는 데 있다."고 했습니다. 지휘봉을 내려놓는다? 그것도 좋겠지만, 지휘자가 아예 사라져버리면 어떨까요? 지휘자가 사라져도 오케스트라가 전혀 문제없이 이전과 똑같이 연주할 수 있다면, 지휘자가 진정으로 그들에게 확신을 준다는 뜻이 되겠죠. 그럴 때 지휘자는 다른 일에 몰두하거나 아무것도 하지 않아도 될 겁니다. 그렇게 그가 없는 상황에서 그의 위대함과 무한한 능력이 표출되겠죠. 이런 경우에 우리는 그가 '거기 없으면서도 거기 있다'고 말할 수 있을 겁니다. 바로 신이 그런 존재죠.

거기 없으면서도 거기 있는 또 다른 방법은 '드물게 거기 있을 때 진정으로 거기 있는 것'입니다. '모범'이라고 불러도 좋을 성싶은 이런 상태는 사장의 몇 마디 말, 한두 번의 행동, 특별한 처신을 통해 드러나고, 그것이 지극히 모범적이어서 직원들은 늘 거기서 영감을 받습니다. 다시 말해 사장은 7층 사무실에서 내려와 직원들 앞에 나타났을 때 모두가 감탄할 만한 행동을 하고, 오래도록 기억할 만한 말을 남겨야 한다는 겁니다. 신이 바로 그런 존재죠. 혹은 그의 아들도 그런 존재라고 말할 수 있겠죠.

거기 없으면서도 거기 있는 것은 물론 사장의 재능이지만, 이것은 또한 직원의 재능이기도 합니다. 사장과 달리 직원에게는 선택의 여지가 없습니다. 늘 사무실 책상 앞에, 회의실 테이블 앞에, 공장이나 공방의 작업대 앞에 실제로 앉아 있거나 서 있어야 하죠. 하지만 직원들에게는 유체이탈을 통해 몸은 책상 앞에 앉아 있으면서도 정신은 어제 안내 책자에서

바뤼흐 스피노자(Baruch de Spinoza, 1632~1677)와 자연

　네덜란드의 철학자이자 신학자로 변화하는 새로운 시대의 기운을 대표하는 자연에 대한 독특한 개념을 제시했다. 그는 이단 심문으로 추방당한 유대인 상인의 아들로 당시 진보적 성향이 강했던 암스테르담에서 출생했다. 암스테르담은 칼뱅주의 시민이 다수였으나 유대인을 탄압하지 않는 도시였다. 그러나 스피노자는 청년기에 유대교와 그 계율을 따르지 않았다는 이유로 파문당했고, 이런 경험은 '예속'의 문제를 성찰하는 계기가 되었다. 그는 예속이 인간 본성을 억압하고, 인간이 스스로 '사망선고를 하는' 행위라고 생각했으며, 그 원인을 특히 인식에서 찾았다. 이 문제를 중점적으로 성찰한 그는 결국 잘못된 인식, 즉 반(反)지성적이고 지나친 상상력에 좌우되는 태도야말로 예속을 자초한다고 주장했다.

　신학의 시대에서 과학의 시대로 이행하던 당시 분위기를 고려할 때 그가 지배적인 종교의 신(神)에 대한 관념에 의문을 제기한 것은 필연적인 결과였다. 그는 신을 설명하는 종교적 방식을 대표적인 반 지성적 태도로 간주했다. 그의 사후에 발간한 대표 저서 『윤리학』(1677) 1부에서 '신에 관하여'라는 제목으로 전개한 그의 사유는 유대 교단과 가톨릭 교회로부터 엄청난 비난을 받았다. 실제로 이 책은 출간 후 100년 넘게 가톨릭 교회에서 금서로 지정했다. '신에 취한 사람'으로 불리기도 했던 그가 이토록 심하게 종교계의 반발을 샀던 이유는 무엇일까?

　그는 "신은 모든 것의 내재적 원인일 뿐, 초월적 원인은 아니다."라는 매우 독특한 견해를 피력했다. 또한 "모든 개체는 단지 신의 변형 또는 신의 속성을 특정한 방식으로 표현하는 변형태에 지나지 않는다."고 덧붙였다. 다시 말해 신과 그 변형태를 포함하는 총체가 바로 자연이기에 신은 자연에 내재하고 자연과 신은 분리할 수 없다는 주장을 펼쳤던 것이다. 이런 주장은 신을 만물의 창조주로 간주하는 종교계의 시각과 첨예하게 대립할 수밖에 없었다. 스피노자는 이와 같은 '신=자연'이라는 주장에 덧붙여 신=자연에는 사물의 질서가 담긴 '연장(延長)'의 형식과 이에 대응하는 관념의 질서인 '사유'라는 형식만이 존재한다고 주장했다. 그가 강조했던 지성적 태도는 이런 형식을 정확하게 인식하는 데 있었다. 다시 말해 연장과 사유를 초월한 신은 상상력의 소산이자 반 지성적인 태도의 소산에 불과하다는 것이다. 그리고 그는 이런 반 지성적인 태도가 정치 영역을 지배하며 대중을 우매한 존재로 만든다는 점을 날카롭게 비판했다.

보았던 신형 자동차를 타고 고속도로를 달리고, 지난 주말 바닷가에서 애인과 밤을 함께 보냈던 시간 속에서 헤매는 능력이 있습니다. 이처럼 거기 없으면서도 거기 있는 것은 사장과 직원들이 공유하는 능력이기도 합니다. 서로 다른 점이 있다면, 사장에게는 몸이 거기 없으면서도 정신은 거기 있는 능력이 있고, 직원들에게는 몸이 거기 있으면서도 정신은 거기 없는 능력이 있다는 것뿐이죠.

　명철한 스피노자는 이런 사실을 잘 알고 있습니다. 그리고 사람들이 이와는 다른 이야기를 듣고 싶어 한다는 사실도 잘 알고 있습니다. 다시 말해 실제로 거기 없는 사람은 진짜로 거기 없고, 실제로 거기 있는 사람은 진짜로 거기 있으며, 사장은 매일 회사에 나와 땀 흘려 열심히 일하고, 직원들은 업무에 110% 집중해서 성과를 올린다는, 그런 이야기를 듣고 싶어 한다는 것이죠. 하지만 스피노자는 사람들이 듣고 싶어 하는 이야기를 들려준 적이 없습니다. 그런 타입이 아니니까요. 그는 오직 명철함만이 우리를 행복하게 해주고, 우리를 좌절하게 하기는커녕 우리를 구원한다고 생각합니다. 그래서 그는 사실을 있는 그대로 말합니다. 그는 신이라는 것이 환상에 불과하며, 그저 아주 오래된 가짜 기억에 불과하다고 말합니다. 그리고 신은 바로 자연이라는 사실을 그 나름대로 입증했습니다. 사람들이 좋아하든 말든 상관하지 않았습니다. 물론 사람들은 그의 이런 '폭로'를 좋아하지 않았죠. 그래서 진실을 말한 그가 어떤 대가를 치렀는지는 여러분도 잘 아실 겁니다.

있거나, 없거나
권력

한 번만 만날 수 있다면, 딱 한 번만, 잠깐이라도, 5분간만이라도 만날 수 있다면 얼마나 좋을까요. 그러면 모든 것이 물 흐르듯 순조롭게 진행될 것 같은데, 도무지 만날 수가 없습니다. 사장은 몹시 바쁘고, 부장의 일정표는 약속들로 빼곡히 채워져 있습니다. 부장 비서에게 이메일을 보내도 회신을 받는 데 나흘이나 걸립니다. 그나마 회신을 받으면 다행이고, 몇 주가 지나고 때로 몇 달이 지나도 답이 없습니다. 그러면 이건 뭐 기다림이 아니라 모욕이라는 생각이 들죠. 참 이상한 기분이 듭니다. 특히 민주주의 국가에서 정상적으로 직장생활을 하는 사람이 이런 대접을 받아야 한다니. 자기 생각을 전달할 권리조차 없단 말입니까? '권력'이라는 것을 정의하기 어렵다면, 권력이 없다는 것이 어떤 것인지를 생각해보면 됩니다. 납득할 만한 기한에 가타부타 말도 없이 깡그리 무시당하는 상황이야말로 권력 있는 자가 권력 없는 자에게 하는 '갑질'의 전형적인 경우죠. 그럴 때 우리는 투명인간이 된 것 같은 인상을 받습니다. 그러고 보면 직원들이 사장에게 봉급이나 상여에 대해 더 큰 '투명성'을 요구하는 이유를 알 것 같기도 합니다. 직원들이 이 정도로 '투명'해졌다면, 경영자들도 최소한의 투명성은 보여줘야 하지 않을까요.

마키아벨리는 권력의 속성을 잘 알고 있습니다. 왕년에 메디치 가문의 조언자 역할을 자청한 적도 있는 그가 지금 코기톱 사장 밑에서 일하고 있는 것은 우연이 아닙니다. 그가 여기서 맡고 있는 역할은『군주』라는 책에서 절묘하게 정의한 바 있었던 큰 권력과 작은 권력 사이의 차이를 명확하게 관찰하기에 아주 이상적인 것 같습니다.

마키아벨리는 책에서 군주의 권력이 객관적으로 성립된 적이 없다고 썼습니다. 물론 그런 권력은 객관적 요소들(군사력, 재력 등)을 바탕으로 성립되지만, 또한 다른 사람들이 그런 요소들을 바탕으로 머릿속에 그리는 '권력의 이미지'를 통해 성립되기도 합니다. 다시 말해 군주의 권력은 백성이 스스로 군주에게 권력이 있다고 믿을 때 실제로 생긴다는 겁니다. 따라서 권력을 누리려면 '사자의 힘'만으로는 부족하고, '여우의 꾀'도 필요합니다. 군주는 실제로 자기가 가지고 있는 권력보다 더 큰 권력이 있는 척 과장함으로써 그런 권력을 거머쥘 수 있습니다. 몽테뉴의 친구였고 그처럼 법관이었던 라 보에티는 르네상스 시대 선구적인 명저로 알려진『자발적 굴종』이라는 책에 이렇게 썼습니다. "폭군은 우리가 그 앞에 무릎을 꿇기 때문에 위대해질 뿐이다." 그는 또 이렇게 말했습니다. "폭군은 불꽃과 같다. 그는 자그마한 불티에서 태어나 점점 커진다. 사람들이 땔감을 많이 던질수록, 불길은 더 크게 일어나고 더 강대해진다. 더 탈 것이 없다면, 불은 이내 꺼질 것이다."

다시 말해 폭군은 오로지 우리가 그 앞에서 무릎을 꿇기에 위대하고, 우리가 그에게 힘이 있다고 믿기에 강력합니다. 만약 우리가 무릎을 펴고 일어선다면, 그는 추락할 수밖에 없겠죠. 우리가 그의 위대함에 대해 환상을

니콜로 마키아벨리(Niccolò Machiavelli, 1469~1527)와 권력

피렌체에서 법률 고문으로 활동하던 아버지에게서 태어난 마키아벨리는 정치학의 창시자로 대중적으로도 널리 알려진 인물이다. 실제로 그는 이상적인 세계가 아니라 현실적인 세계에서 발현되는 이치에 근거한 정치사상을 전개한 정치적 사실주의의 개척자다. 그가 살았던 15세기 이탈리아는 여러 지역으로 나뉘어 혼란의 극을 달리는 상황에 놓여 있었다. 이런 정치적 분열을 보면서 강력한 통일 이탈리아를 염원했던 그는 서른 살이 채 되기도 전인 1498년에 피렌체의 제2 장관직에 임명되었고, 이후 14년간 공직자로 활동했다. 이탈리아의 내적 분열 상태와 인접 국가들과의 외적 관계에서 작동하는 역학 관계는 그가 현실 정치에 대한 냉철한 안목을 키우는 계기가 되었다. 특히 그는 공직 생활 중 10년간을 외교에 주력했던 덕분에 권력의 영향력에 주목할 수밖에 없었다. 이 시기에 만난 교황의 아들 체사레 보르자는 그에게 강렬한 인상을 남겼고, 그의 대표적 저작인『군주론』을 집필하는 데 큰 영향을 미쳤다.

1514년 출간된 이 책은 지난 수세기에 걸쳐 유례를 찾기 어려울 정도로 긍정과 부정의 양극단에서 상반된 평가를 받아왔다. 논란의 핵심은 그가 정치와 도덕을 분리하여 바라보았고, 군주에게 과도한 권력을 부여했다는 점이다. 그는 정치와 도덕의 분리를 통해 정치 고유의 영역을 확보하고, '비르투(virtù)'라는 개념을 통해 새로운 군주상을 제시했다. 이탈리아어 virtù는 라틴어 virtus에서 온 말로 그 어원은 vir, 즉 남성을 가리킨다. 이 개념은 복합적이고 다의적으로 사용되나 기본적으로 도덕적으로 선한 덕이 아니라 목적 달성에 필요한 수단을 효율적으로 사용할 수 있는 용기와 기량, 지도력 등 탁월한 힘을 가리킨다. 그는『군주론』에서 "포르투나(Fortuana)는 위대한 힘을 발휘하여 좋은 기회를 찾고, 정신력이 강하고, 비르투가 풍부한 인물을 선택한다."고 말한다. 포르투나는 인간사에 개입하는 초자연적인 힘, 즉 운명(fortune)이나 운(luck)을 뜻한다. 인간이 홍수를 막을 수는 없지만, 제방을 쌓아 강의 범람을 막을 수 있듯이 인간이 운명에 종속되어 있기는 하지만, 그 운명을 제어할 수 있다는 것이다. 그는 군주에게 이런 역량이 필요하다고 역설한다. 이런 관점은 군주의 속임수나 폭력 사용을 인정하고, 국가 간 전쟁 또한 용인한다. 하지만 부도덕한 수단의 정당화는 그 목적이 혁신적인 경우에만 해당한다. 그는 군주의 폭력이 "카이사르처럼 파괴를 위한 것이 아니라 로물루스처럼 질서를 재정립하기 위한 것"일 때 정당하다는 전제를 부과한다. 이처럼 긍정적 목적을 위해 부정적 수단을 사용하는 것이 불가피하다는 주장에 대해서는 여전히 논란이 계속되고 있다.

품기를 멈춘다면, 그는 그 위대함을 잃어버릴 겁니다. 군주에게 권력은 현실에서만 존재하는 것이 아니라 그 권력의 지배를 받는 사람들의 상상 속에서 이루어지는 재현과 투영의 차원에서도 존재합니다.

하지만 작은 권력을 가진 사람은 사정이 전혀 다릅니다. 그에게는 손톱만큼의 오차도 없이 실제로 자신이 가진 만큼의 권력이 있을 뿐입니다. 거기에는 어떤 환상도, 재현도, 투영도 없이 오로지 현실이 문제시되고, 현실만이 실질적인 의미가 있습니다. 물론 마키아벨리는 이런 사실을 알고 있었지만, 지금 이 순간 그것을 더 절실하게 느낍니다. 몇 달 전부터 면담을 기다리고 있는 사람이 자기가 마음만 먹으면 언제든지 그 면담을 할 수 있는 척한다고 해서 실제로 그런 일이 일어날 수는 없죠.

군주는 이런 식으로 행동하지 않습니다. 전쟁을 수행하는 군주는 국민에게 믿음직한 모습을 보여주고, 국민은 그런 군주를 지지합니다. 국민은 용감하게 전쟁터로 나가고, 군주는 국민의 신뢰받을 만한 진정한 근거를 확보하게 되죠. 국가 지도자들처럼 기업의 대표들도 바로 이런 식으로 권력을 확보합니다. 하지만 힘없는 국민, 봉급생활자들, '갑'의 횡포에 짓눌려 속수무책으로 살아가는 수많은 '을'은 사정이 다릅니다. '자리가 사람을 만든다'고들 합니다만, 그것도 그 자리에 앉을 만한 사람에게나 해당하는 말이죠. 그리고 권력가의 조언자도 힘없는 '을'이기는 마찬가지입니다. 마키아벨리도 그 사실을 분명히 알고 있습니다. 코기톱 직원들이 사장의 자문역을 맡고 있는 마키아벨리에게 대단한 권력이 있다는 환상에 빠져 있다고 해서 그가 사장한테서 면담의 기회를 얻을 수 있는 것은 아닙니다. 직원들이 아무리 그가 사장에게 막강한 영향력을 행사할 수 있다고 믿는다고 해도 현실은 손톱만큼도 달라지지 않습니다. 그가 자문해주는 사장은 그를 만나려고도 하지 않습니다. 다시 말해 그는 아무도 자문하지 못하는 자문역인 셈입니다. 현실의 차가운 장벽에 정면으로 부딪친 그의 상태에는 환상도, 재현도, 상상도 들어설 자리가 없습니다.

  하지만 마키아벨리는 이런 상황을 나쁘게 받아들이기는커녕 오히려 좋은 기회로 삼고 있는 것 같습니다. 그는 늘 이런 식으로 해왔죠. 권력에 접근해서 그 속성을 파악하려고 노력해왔다는 겁니다. 그는 애써 숨기고 있지만, 이런 상황을 오히려 즐기고 있는 것 같습니다. 네, 그는 기쁨을 느끼고 있습니다. 연구자의 기쁨, 발견자의 기쁨을 느끼고 있다는 겁니다. 그의 모습을 잘 보세요. 그가 손에 들고 있는 갈라 쇼 안내장 여백에 무언가 잔뜩 메모해놓지 않았습니까? 권력의 속성에 대한 자신의 성찰을 적어놓은 겁니다. 필체가 예민하고, 촘촘하고, 조금 격앙된 것 같군요. 그는 지금 쓰고 있는 책의 핵심적인 내용을 거기에 적어놓았습니다. 물론 제목도 붙였죠. "을은 왜 갑 앞에만 서면 한없이 작아지는가?"

62

63

* 소크라테스의 대화 방법. 상대방의 주장이나 질문을 거듭함으로써 개념을 깊이 생각하게 하고, 자신이 의식하지 못했던 새로운 생각이 태어나게 하는 문답법이다. 소크라테스는 신이 새로운 지혜를 낳을 수는 없으나 다른 사람들이 그것을 낳도록 도와 그 지혜의 진위는 가릴 수 있다면 서, 이런 활동을 '산파술(maieutike)'이라고 불렀다.

좋은 친구들
직장 동료

코기톱 임직원들은 각자 자기 임무를 잘 알고 있는 사람들입니다. 제대로 작동하지 않는 복사기에 냅다 발길질을 하는 니체도 그 나름대로 임무를 수행하는 중입니다. 이런 모습을 보면 '망치 철학자'라는 그의 명성이 과연 허풍이 아니었음을 알 수 있죠.

니체의 작업을 잘 들여다보면, 저 유명한 망치에 세 가지 용도가 있음을 알 수 있습니다. 첫째, 모두 잘 알다시피 우상을 파괴하고 인간의 환상을 깨부수는 데 사용합니다. 둘째, 파괴자의 도구 역할보다는 내과 전문의가 환자를 검진할 때 쓰는 청진기 같은 역할을 합니다. 즉, 팽팽하게 부어오른 환자의 배에 대고 조심스럽게 소리를 들으면서 안에서 무슨 일이 일어나고 있는지, 어떤 성격의 본능이 꿈틀대고 있는지를 알아내는 데 사용합니다. 셋째, 건물이 파괴된 자리에 새로운 건축물을 세울 때 못을 박는 데 사용합니다. 이처럼 망치를 유효적절하게 휘두르는 그는 고장 난 복사기가 제대로 작동하게 하는 데에도 소위 '니체 방식'이라는 것을 적용합니다. 우선 그는 에피쿠로스나 플라톤 같은 이들의 환상을 깨부숩니다. 추론할 수 있고, 예견할 수 있는 이성의 안정성에 의지하면서 그저 좋은 말만을 늘어놓는다고 해서 고장 난 복사기가 다시 작동하지는 않을 테니까요. 니체는 '입만 살아서 떠드는 희랍 놈들'을 고운 눈으로 바라보지 않습니다! 그런 다음, 희랍인들의 배 속에서 그들에게 용기를 내지 못하게 하는 근원적인 금기가 어떤 것인지를 밝힙니다. 그들은 자신의 육체를 두려워하고, 어떻게든 갈등을 피하려고만 하죠. 결국, 니체는 작동하지 않는 복사기에 충격적인 발길질을 하여 깜짝 놀란 복사기는 드디어 다시 작동하기 시작합니다. 복사기의 새로운 시대를 여는 것이죠. 이처럼 반(反) 철학의 철학자 니체는 자기 생각에 충실합니다. 그는 언어의 힘보다는 모범적이고 위대한 행동의 힘을 믿습니다.

하지만 니체와 발터 벤야민*이 같은 독일인이라는 이유로 이들을 한통속으로 보는 것은 큰 실수입니다. 그들의 공통점은 다른 데 있습니다. 벤야민은 니체가 늘 천착했던 '아우라의 쇠퇴'라는 개념을 발전시켰습니다. 그는 대상을 무한대로 복제해낼 수 있는 기술의 발달로 예술 작품은 이제 고유하고 신비스러운 아우라를 잃었다고 말합니다. 과거에 우리는 미술관에서 반 고흐의 「밤의 카페」를 보면서 미적 감흥을 느끼고 작품에 매료되었지만, 이제 전 세계 어디서나 볼 수 있는 식탁보, 컵 받침, 티셔츠, 필통에 인쇄된 「밤의 카페」에 감동하는 사람은 없습니다. 특히 사진의 발명은 '아우라의 전반적 쇠퇴'에 큰 책임이 있습니다. 벤야민은 영화가 이런 현상 자체를 요약적으로 보여준다고 말합니다. 영화는 아예 제작할 때부터 무수히 복제되어 전 세계 수많은 극장에서 상영될 것을 예상합니다. 영화관에 앉아 있는 관객은 수수께끼 같은 아우라가 있는 유일하고 고유한 예술 작품을 감상하는 것이 아니라 대량생산된 상품을 소비하고 있을 뿐입니다.

바로 이런 이유로 니체는 코기톱의 자료복사과에 벤야민을 고용했던 겁니다. 그에게 아마도 이렇게 말했겠죠. "코기톱은 예술과는 전혀 상관없는 회사일세. 여기서 자네가 복사하는 서류에는 어떤 아우라도 없어. 아니, 아우라라는 것 자체가 아예 없단 말일세. 그러니 신경 쓸 것 없이 무한정 복사해도 전혀 문제없네." 실제로 니체가 정확히 어떤 말로 벤야민을 설득했는지는 모릅니다. 그러나 분명한 사실은 벤야민이 니체의 이런 제안을 즉시 수락했고, 서로 의기투합해서 여러 가지 주제에 대해 흥미로운 대화를 이어갔다는 것이죠. 그들은 혹시 어둡고, 무겁고, 우울한 바그너의 음악보다 태양처럼 밝고 가볍고 우월한 모차르트의 음악이 주는 기쁨에 대해 이야기를 나눴을까요? 두 사람 모두 좋아했던 니스 근교의 아름다운 경치에 대해, 거기서 맛보았던 놀라움과 즐거움에 대한 추억을 나눴을까요? 즙이 뚝뚝 떨어지는 토마토를 듬성듬성 썰고 그 위에 올리브유와 굵은 소금을 뿌려 먹던 그 잊을 수 없는 순간들을 함께 회상했을까요? 그 모습을 충분히 상상할 수 있을 것 같습니다. 그들의 두 눈은 빛나고, 시간은 멈추고, 서로 그보다 더 마음이 잘 맞을 수는 없었을 겁니다.

하지만 이제 일하러 가야 할 시간입니다. 못내 아쉽겠지만 각자 자기 자리로 돌아가 중단되었던 일을 다시 시작해야 합니다. 직장생활이란 게 다 그런 것 아니겠습니까? 회사는 살벌한 생존의 현장이지만, 이처럼 기대하지 않았던 만남을 경험하게 되고, 복도에서 갑자기 두 사람만이 살고 있는 섬 같은 공간을 발견하게 되기도 합니다. 바로 이것이 직장생활의 묘미이기도 하죠. 과연 미생 플라톤에게도 이런 친구 같은 회사 동료를 만날 날이 찾아올까요?

발터 벤야민(Walter Benjamin, 1892~1940)과 아우라

독일 출신의 사상가로 베를린, 프라이부르크, 뮌헨 대학 등에서 철학을 공부했고, 전쟁을 피해 스위스로 가서 1919년 논문『독일 낭만주의 비평 개념』으로 베른 대학에서 박사학위를 받았다. 1924년 교수자격 논문『독일 비극의 원천』을 집필했지만, 대학으로 진출하려던 계획은 무산되었고, 유물론적 사유를 지속하면서 비평, 번역, 방송 등 다양한 방식을 통한 활동을 전개했다.

그는 20세기 초·중반에 '현대성'을 총체적이면서도 구체적인 차원에서 성찰했으며, 그 역사적·사회적 구조와 동시대에 관찰할 수 있는 객관적 현상들에 주목했다. 이를 통해 형이상학과 경험론, 관념론적 미학과 사실주의적 미학의 대립이라는 기존의 대립 구도를 벗어나 새로운 사유의 지평을 열고자 했다. 그의 주요 저작인『기술 복제 시대의 예술 작품』에서도 드러나듯이 시대는 이미 산업기술을 중심으로 '제2의 자연'이 일반화된 상태에 있었다. 따라서 미와 예술의 세계도 19세기 유미주의 예술에서 강조했던 '예술적 자율성' 같은 덕목이 사진과 영화로 대표되는, 산업기술에 바탕을 둔 새로운 형식이 제시하는 가치와 교차하고 있었다.

그는 아우라가 있는 전 시대 예술이 '제의 가치'를 지향했다면 산업기술로 탄생한 새로운 예술 형식은 '전시 가치'를 지향한다는 점에 주목했다. 그는 '예술 작품에서 흉내 낼 수 없는 고고한 분위기'를 뜻하는 아우라에 대상의 객관적 특성만이 아니라 대상을 바라보는 주체의 경험이 결합되어 있다고 보았다. 그러나 전통적인 예술 작품이 아우라의 근거로 갖추고 있던 일회성, 유일성, 원본성은 기술 복제 시대에서 설 자리를 잃었다고 지적했다. 복제는 이런 '종교적' 속성을 휘발시켜버렸고, 예술은 숭배하는 대상이 아니라 즐기는 대상이 되었다는 것이다. 이것이 바로 그가 말하는 아우라의 몰락이다. 그러나 이런 현상은 예술에 대한 새로운 수용 방식을 의미하기도 한다.

그는 기술 복제의 형식만이 아니라 이런 형식들이 실현되는 공간인 도시에도 관심을 기울인다. 특히 현대적인 메트로폴리스 파리를 배경으로 탄생한 그의 유고『아케이드 프로젝트』에서 아케이드는 상품 자본주의의 신전으로 표상된다. 십자가 모양의 교회 같은 건축물들, 성상들을 진열해놓은 것 같은 쇼윈도의 상품들, 신성모독을 환기하는 유흥가와 극장, 밤의 여인들이 판매하는 성적 쾌락의 황홀경 등에 대한 철학적 소묘는 아우라 몰락 이후의 세계에 대한 그의 성찰적 환등상인 셈이다.

열성과 욕망
'역사'라는 이름의 운명

어느 회사에나 꼭 이런 사람이 있습니다. 혹시 여러분도 직장에서 이런 사람에게 시달린 적이 있는지 모르겠군요. 역사적으로 이것은 인간의 심리와 활동이 낳은 것 중에서 결코 좋은 것이라고 볼 수만은 없는, 아니 어쩌면 최악의 사태가 벌어지게 하는 것 중 하나라고 볼 수 있는 현상입니다. 바로 '열성'이라는 것이죠.

'열성적 인간'은 진정한 삶은 다른 데 있다는 진리를 깨닫지 못합니다. 핵심적인 것과 부수적인 것도 구분하지 못하죠. 늘 바쁘고, 늘 복잡하고, 걸을 때도 쫓기듯 종종걸음을 칩니다. 회의가 끝나고 다들 자리에서 일어날 때 사장이 마지막에 으레 그러듯이 "뭐, 더 할 말 있습니까?" 하고 물으면, 손을 들고 시답잖은 문제를 끄집어내서 시간을 잡아먹는 사람도 바로 이런 부류입니다. 점심때에도 동료와 함께 식사하면서 느긋하게 시간을 보내기보다는 자기 자리에 앉아서 눈을 컴퓨터 모니터에 고정한 채 혼자 샌

드위치를 대강대강 씹어 삼킵니다. 이렇게 하루하루를 고단하게 살건만, 지치지도 않는 것 같고 설령 지치더라도 그 정도에 기가 죽을 타입이 절대 아닙니다.

그러나 같은 열성이라도 '제한적 열성'과 '위선적 열성'을 구분해야 합니다. 제한적 열성은 고의적이지 않습니다. 이런 열성을 보이는 사람은 아주 어릴 적부터 쓸데없는 일에 집착하며 살고 있지만, 자기가 받은 교육을 문제 삼지도 않습니다. 그는 자신의 열성이 전체 조직이 기능하는 데 꼭 필요하고, 그 나름대로 이바지하고 있다고 믿고 있죠. 하지만 위선적 열성에는 사악한 구석이 있습니다. 어리석음이 아니라 사리사욕이 동기로 작용하고, 원칙보다는 계산에 따라 행동하기 때문입니다. 위선적 열정을 보이는 사람은 솔직히 자신의 열성이 아무것도 바꿀 수 없고, 세상이 본질적으로 자신과 무관하게 돌아간다는 사실을 잘 알고 있습니다. 하지만 남들 눈을 의식하고 열성을 보여서 유리한 조건을 얻어내거나 남들로부터 자신을 보호하기도 하죠. 다시 말해 그에게는 열성이 회사에서 잘리지 않고 자기 자리를 잘 지키게 해주는 수단인 셈입니다.

여기 보이는 마르크스의 모습은 어떻습니까? 그는 코기톱의 노동조합 위원장까지 맡고 있는 인물이지만, 혹시 이 두 번째 유형에 속하는 것은 아닐까요? 그의 열정이 제한적이라기보다 위선적이 아니냐는 겁니다. 그렇다면 그가 코기톱이 광고물 제작을 의뢰한 국내 업체와 거래를 단절하고 노동력이 저렴한 후진국 업체에 발주하겠다는 계획에 반대하는 것도 일종의 조작극인지도 모릅니다. 그렇게 사장에게 자기도 같은 편이라는 것을 보여주는 것이죠. 마르크스도 그 계획의 실행을 강요하는 사람들이 코기톱의 주주들이며, 직원들처럼 사장도 그 계획을 두려워하고 있다는 사실을 잘 알고 있습니다. 그는 특히 금융 자본주의가 어떤 것인지를 잘 알고 있죠. 주주들이 모든 것을 결정하는 상황에서 사장은 우리가 통상 알고 있던 그런 사장이 아닙니다. 오늘날 자본가는 사장이 아니라 주주들입니다. 자본을 보유한 주주들이 오로지 더 많은 이윤을 내려는 목적으로 회사의 정책을 결정하는 상황에서 사장은 다른 임직원들과 마찬가지로 그저 피고용자에 불과합니다. 비록 다른 사람들보다 봉급은 더 많이 받지만, 그도 노동자들을 착취해서 생긴 부가가치로 치부하는 자본가들을 위해 일하면서 착취당하기는 마찬가지입니다. 사장이 어떻게든 회사의 수익을 올리려고 직원들을 쥐어짜는 동안 주주 자본가들은 그들이 벌어들인 돈으로 미국의 마이애미 아름다운 해변에서 꽃 목걸이를 걸고 몸매가 환상적인 여자들에게 둘러싸여 최고급 샴페인을 마시고 있겠죠. 마르크스가 노동력이 저렴한 후진국 업체와 거래하겠다는 경영진의 계획을 반대하고 나서는 것도 어쩌면 파업을 시작하기 전에 봉급을 인상해달라고 사장한테 은밀히 신호를 보내고 있는 것인지도 모릅니다. 그렇지 않다면 파업을 선동하는 전단의 글씨체 따위에 그토록 집착할 리가 없지 않겠습니까?

마르크스의 위선은 여기서 한 걸음 더 나아간 것이 아닐까요? 그는 이 모든 것이 별 의미 없고, 역사는 자체적인 운동과 내재적인 법칙에 따라 전개된다는 것을 잘 알고 있습니다. 소란한 갈등, 선동적 전단, 저항과 투쟁의 외침 같은 것들이 현실적으로 어느 정도의 힘을 발휘할 수 있는지도 잘 알고 있죠. 그가 오래전에 말했듯이 진정으로 의미 있는 단 한 가지는 바로 역사입니다. 인간이 어떤 행동을 하든, 어떻게 혁명을 일으키든, 역사는 스스로 해야 할 일을 할 뿐입니다. 바로 이것이 마르크스 노조 위원장이 장 필립 디외 사장에 대해 별로 적대감을 드러내지 않는 이유입니다. 왜냐면 진정한 신은 바로 역사라는 사실을, 그가 너무도 잘 알고 있기 때문이죠. 어린 시절 그는 헤겔의 『역사의 법정』이라는 대단한 작품을 읽고 깊이 감동했습니다. 헤겔이 장엄하게도 '역사의 법정'이라는 표현을 사용했듯이

카를 마르크스(Karl Heinrich Marx, 1818~1883)와 『자본』

독일 트리어의 유대인 기독교 가정에서 태어난 그는 베를린 대학에서 법률, 역사, 철학을 공부하고, 예나 대학에서 에피쿠로스 철학에 관한 논문으로 박사학위를 받았다. 당시 급변하던 사회적·정치적 상황에 대한 그의 관심은 프랑스 사회주의와 경제학으로 확대되었고, 사상적 동반자이자 평생 동지였던 프리드리히 엥겔스와 함께 1848년 『공산당 선언』을 공동 집필·출간하면서 부르주아 사회의 생성, 발전, 몰락을 전망하고, 노동자 계급의 단결을 통해 자기해방을 호소하는 사회주의를 천명했다. 그는 변증법적 유물론을 역사에 적용하여 역사 발전의 원동력을 관념이 아니라 물질로 보는 '사적 유물론(史的唯物論)'을 제시했으며 자본의 작동 방식을 통해 자본주의 사회의 본질을 파악했다.

1857년 이후 그는 자신의 사상을 집대성한 『자본』의 집필을 구상하여 자본, 임금 노동, 토지 소유, 국가, 국제거래, 세계 경제에 관해 여섯 권의 책을 쓰고자 했다. 그렇게 자본주의 사회를 구성하는 대표적인 세 계급(자본가, 노동자, 지주)을 경제적으로 분석하고, 그들을 통제하고 조율하는 국가를 분석한 다음, 국민경제를 국제거래의 맥락에서 분석하면서 세계 경제의 작동 방식을 이론화하려고 했던 것이다. 그러나 결국 『자본』은 자본, 노동, 토지 소유의 문제만을 다루게 되었다. 게다가 제2권과 제3권은 그가 사망한 뒤 엥겔스가 유고를 정리해 출판한 것이다. 『자본』은 자본주의 사회의 경제 법칙에 주목하여 자본가와 노동자 사이 경제적 관계의 해명을 과제로 삼고 있다. '자본의 생산 과정'이라는 부제를 달고 있는 제1권의 핵심 내용은 노동자의 잉여 노동이 이윤의 원천이며 자본가는 잉여 노동을 증가시키기 위해 온갖 수단을 동원하고, 더 큰 이윤을 얻으려고 이윤을 재투자하여 자본을 축적하고, 기술을 혁신하여 노동자에 대한 수요가 감소하여 실업자가 증대한다는 주장을 담고 있다. '자본의 유통 과정'이라는 부제를 달고 있는 제2권에서는 자본가가 생산 과정에서 이윤을 내포한 상품을 생산하고 유통 과정에서 상품을 판매함으로써 이윤을 실현한다는 점, 이런 순환에 걸리는 시간을 단축하는 것이 이윤을 증대시키는 방법이라는 점, 그리고 생산된 상품의 판매는 결국 자본가들의 투자 활동에 따르고 있다는 점을 설명하고 있다. '자본주의적 생산의 총 과정'이라는 부제를 달고 있는 제3권은 노동자가 창조한 이윤이 어떤 방식으로 산업·상업·금융 자본가와 토지 소유자의 이윤, 이자, 지대로 분할되는지를 설명한다. 이런 설명의 정치적 의미는 자본가와 토지 소유자는 이윤의 분할을 둘러싸고 서로 대립하지만 노동자 계급은 통일전선을 구축하게 된다는 데 있다.

모든 것은 미래가 판단합니다. 마르크스는 이미 오래전에 프롤레타리아 혁명은 역사의 전개를 가속할 뿐이라고 썼습니다만, 당시에는 아무도 그의 글을 읽으려고 하지 않았죠. 역사의 한순간에 자본주의 체계는 우리가 아는 것과 같은 모순을 드러냈고, 착취당하던 프롤레타리아는 혁명을 일으켰습니다. 하지만 사실은 그들이 혁명을 선택했던 것이 아니라 역사가 그렇게 결정했던 것뿐입니다.

오늘날에도 사정은 마찬가지입니다. 아무것도 달라지지 않았습니다. 역사는 스스로 흘러가면서 우리를 자본주의 멸망의 길로 인도할 겁니다. 그 점에 대해 마르크스는 단 한 번도 생각을 바꾼 적이 없습니다. 단지 생각보다 시간이 조금 더 오래 걸릴 뿐입니다. 그가 그토록 기다렸던 때는 바로 지금입니다. 마르크스의 말이 이보다 더 잘 들어맞았던 적이 없었습니다. 과거 어느 때보다도 오늘날처럼 가치를 생산하는 사람들과 부를 쌓는 사람들이 이토록 완벽하게 구분된 적이 없었습니다. 금융 자본주의의 새로운 국면은 마르크스가 초기 저작들에서 말했던 것들이 더없이 정확했음을 입증해주고 있습니다. 『자본』의 저자는 그런 사실에 주목하는 사람이 많지 않다는 데 때로 놀라기도 합니다. 하지만 그거야 아무러면 어떻습니까? 모든 것은 결국 제 흐름을 따라 흘러가는 역사가 판단할 일입니다. 어떤 사람들의 열성과 또 어떤 사람들의 분노는 앞으로도 계속될 겁니다. 그리고 마르크스가 저토록 열심히 만들고 있는 전단은 역사의 바람에 날려갈 종잇조각에 불과합니다.

달려라, 달려!
'응급'이라는 이름의 폭군

모든 것이 늘 급합니다. 뭔가를 지시하거나 당부하면서 아무 때나, 시간 날 때, 천천히 해줬으면 좋겠다고 말하는 사람을 본 적이 있습니까? '응급 메일'은 있어도 '비응급 메일'은 없습니다. 작성해야 할 보고서, 검토해야 할 제안서, 전달해야 할 서류치고 급하지 않은 것이 있던가요?

일의 세계는 응급의 세계입니다. 그런데 모든 것이 그토록 급하다면, '중요한 것'은 과연 무엇일까요? 대기업과 행정부에서 이런 '응급'의 독재가 지배하고 있는 이유는 간단합니다. 급한 일에 쫓기다 보면, 자신이 쓸모 있는 사람인 것처럼 느껴지고, 단기간에 결과를 내고 그 결과로 인정받게 된다고 믿기 때문입니다. 늘 바쁘다는 것은 성공의 징표처럼 보이기도 하죠. 그렇게 바쁜 상태로 쫓기듯이 하루를 보내고, 한 주, 한 달, 한 해를 보내다 보면 정작 중요한 것이 무엇인지를 잊어버리게 됩니다. 방금 도착한 열댓 개의 이메일에 답장을 쓰는 것은 '급한 일'이지만, 자기 삶을 어떻게 꾸

려가야 할지를 아는 것은 '중요한 일'입니다. 우리는 '급한 일'과 '중요한 일'을 얼마든지 구분할 수 있습니다. 잠시 생각해보는 것만으로 충분하죠. 둘을 구분해야 한다는 자각이 생기면 '응급의 독재'에서 조금씩 벗어나게 됩니다. 그럴 때 '응급'이라는 것에 '중요한 것'을 의식하지 못하게 하는 역기능이 있다는 사실도 깨닫게 되겠죠.

에피쿠로스가 코기톱에서 별로 하는 일도 없이 무보직으로 채용된 이유도 직원들이 바로 이런 구분을 할 수 있도록 도와주기 위해서였습니다. 그는 회사 안을 어슬렁거리면서 어려움을 겪고 있는 직원이 스스로 문제를 해결하도록 도와주고, 정말 중요한 것이 무엇인지를 깨닫게 해주기도 합니다. 원래 철학은 우리가 피상적이고 번잡한 혼란을 벗어나 진정으로 중요하고 본질적인 것에 눈을 돌리게 하지 않습니까? 떠들썩한 시사적인 문제에 자기 목소리를 내려고 안달하는 철학자들의 우스꽝스러운 작태를 꼬집는 멋진 글을 남기기도 했던 니체는 아마도 에피쿠로스를 채용한 회사의 결정을 긍정적으로 받아들였을 겁니다. 니체는 「비도덕적 의미에서의 진리와 거짓에 관하여」라는 글에서 그런 철학자들을 '위대함도 없이 역사의 현재성으로 자신을 채우려고 하는' 사람들이라고 비판했죠. 어떤 사건만 일어나면 득달같이 달려들어 역사가 동요하는 모습만을 보려는 이런 사람들은 시사적 현실의 부질없는 번잡과 진리의 필연적인 승리를 혼동하고, 급한 것과 중요한 것을 구분할 줄 모른다는 겁니다. 하긴, 오늘날에도 어떤 사회적 이슈만 생기면 신문, 방송, 인터넷, SNS를 통해 서둘러 온갖 담론을 쏟아내고 팬 관리까지 하는 철학자, 인문학자의 행태를 보면 니체의 비판이 낯설게 느껴지지 않습니다.

니체가 작심하고 비판한 대상은 헤겔이었습니다. 그는 신문을 읽는 것을 '하루의 기도'라고까지 썼던 사람이었습니다. 실제로 당시 헤겔에게 그

베르나르 앙리 레비(Bernard Henri Lévy, 1948~)와 앙가주망

　베르나르 앙리 레비는 철학자, 소설가, 영화 제작자, 칼럼니스트 등 다양한 모습으로 전 방위적인 활동을 펼치고 있는 프랑스의 대표적 지식인이다. 그는 파리 고등사범학교에서 자크 데리다와 루이 알튀세르에게 철학을 배우고, 24세에 교수자격시험에 합격하고 나서 스트라스부르 대학교와 파리 고등사범학교에서 철학을 강의한 철학자다. 그런데도 그에게서 학구적인 철학자의 이미지보다는 전투적 지식인 모습이 두드러지는 이유는 그의 특유한 철학적 세계관 때문이다.

　'BHL'이라는 애칭으로 잘 알려진 그는 프랑스 지적 전통의 한 계보라고 할 수 있는 '앙가주망(engagement: 현실참여)'의 계승자다. 1789년 프랑스 대혁명에서부터 그 이념을 계승한 1848년 2월 혁명과 6월 혁명에 이르기까지 인민의 마음속에 굳건히 자리 잡고 있던 자유, 평등, 박애의 이념 중에서도 특히 자유는 근대가 형성될 때 유럽이 지향하던 가장 기본적인 목표가 되었고, 당시 계몽주의자들은 자유를 위한 치열한 정치적 투쟁, 어떤 의미에서 '앙가주망'이라고 부를 만한 활동에 전념했다. '앙가주망'이라는 개념은 특히 사르트르(1905~1980)에 의해 그 철학적 함의가 더욱 명료해졌는데, 그는 참여 철학자답게 '인간이 존재한다는 것은 행동하는 것이며, 행동하기를 그친다는 것은 인간으로 존재하기를 그치는 것과 같다'고 천명했다. 즉, 앙가주망은 근원적으로 자유로운 존재인 인간이 자기를 부자유하게 구속하는 상황을 벗어나기 위해 적극적으로 행동하는 존재 방식을 가리키는 것이다.

　앙리 레비는 『인간의 얼굴을 한 야만』과 『자유의 모험』 같은 주요 저작을 통해 1970년대 신철학의 기수로 일대 선풍을 일으켰다. 『인간의 얼굴을 한 야만』에서 그는 자신을 '파시즘과 스탈린주의 사이에서 태어난 사생아'로 규정하면서, 우파와 좌파를 불문하고 자유를 억압하는 전체주의를 격렬하게 비판했다. 특히 스탈린 독재와 집단수용소의 존재를 외면했던 서구 좌파에 대한 예리한 지적은 좌파 전통에 대한 도발로 받아들여져 유례없는 논쟁을 낳기도 했다. 앙리 레비는 이 책에서 "권력 없는 사회는 없고, 남용 없는 권력은 없다."라고 특유의 권력관을 피력했다. 이처럼 그는 자유를 억압하는 권력 남용에 대해 늘 촉각을 곤두세우고 있으며, 이를 폭로하기 위해서라면 저널리스트, 영화감독, 소설가, 철학자 등 범주적 역할을 가리지 않고 앙가주망을 실천하고 있다. 첫 소설인 『머리 속의 악마』로 공쿠르상과 메디치상을 받았고, 보스니아 내전을 다룬 다큐멘터리 「보스나」를 1994년 칸영화제 '주목할 만한 시선'에 출품하기도 했다.

날그날의 사건은 -파죽지세로 유럽을 집어삼키던 나폴레옹의 정복 전쟁-역사의 '절대성'이 승리하는 증거와 같은 것이었죠. 이후에 사르트르는 헤겔의 계통을 잇고자 했고, 프랑스 신철학의 대표자 베르나르 앙리 레비(BHL)*는 사르트르의 계통을 잇고자 했습니다. 게다가 사르트르처럼 기자로 일한 적도 있었던 그는 사르트르의 전기를 쓰기도 했죠. 이 전통에 속하는 철학자들은 철학이 '본질적 문제'에 대한 성찰만을 중시하고 현실을 가볍게 여기는 오만한 태도를 버려야 한다고 주장합니다. 그보다는 변동하는 현실의 핵심에서 진리의 참모습을 포착할 줄 알아야 한다는 것이죠.

이런 철학자들은 '응급'을 무시하지 않습니다. 그들은 편안하게 상아탑에 들어앉아 현자를 자처하면서 번잡한 세상사에 대해 이러쿵저러쿵하는 '저급한' 짓을 하지 않겠다고 말하는 사람들을 비판합니다. 그들은 현실적인 사안에 대해 자기 생각을 표출하고 참여하는 '용기'를 중요시합니다. 그보다 앞서 사르트르가 그랬듯이 BHL은 사회적으로 중요한 사건이 일어나면 -물의를 일으킨 사건이 반동적이든 진보적이든 간에- 그 의미에 대해 성찰하는 자기 목소리를 냅니다. 그는 텔레비전에 출연하고, 잡지사 편집회의에 참여하고, 라디오 방송에서 논쟁하고, 기자회견을 하고, 글을 발표하고, 강의하고, 그를 인정하고 존경하는 다른 '응급주의자들'처럼 쉴 새 없이 분주하게 이곳저곳을 누빕니다.

물론 그들은 자주 실수를 저지릅니다. 사르트르도 그랬고, BHL도 그러고, 헤겔도 그랬다고 봐야겠죠. 하지만 헤겔은 보통 사람들이 이해하기 어려운 언어를 사용함으로써 그런 실수로부터 자신을 보호하는 영리한 전략을 구사했습니다. 하지만 달리 어떻게 할 수 있었겠습니까? 그들의 투쟁은 이미 패배가 예정되어 있으니까요. 진리는 하나뿐이지만, 현실은 끝없이 변합니다. 따라서 모든 사건이 진리를 대변할 수는 없는 노릇이죠. 그런 불가능한 일을 믿는 것은 어리석고 비현실적인 태도입니다.

니체가 BHL의 귀에 대고 고함을 지르는 이유도 바로 이런 사실 때문입니다. BHL이 급한 일로 외출하기 위해 엘리베이터에 타려는 순간, 니체는 그의 흰 셔츠 깃을 거머쥐고 현실의 개 줄에 묶인 냄새 나는 개니, 아무짝에도 쓸모없는 광대니, 시끄럽게 울어대는 여우니 하며 욕을 퍼붓습니다. 하지만 BHL은 니체의 손아귀에서 빠져나와 자신감을 되찾고 침착한 목소리로 그에게 이렇게 말합니다.

"당신 말이 맞아요, 니체 선생, 당신이 옳아요. 하지만 어쩌겠습니까? 저는 늘 패배하더라도 옳다고 믿는 바를 위해 싸우는 용기를 높이 평가해왔으니까요."

* 볼테르가 인종차별주의자였고, 흑인 혐오자였으며, 노예무역에 투자하거나 노예의 노동력을 이용한 농장 운영 으로 치부했다는 의혹과 비난은 끊임없이 제기되었다. 그러나 볼테르 연구가들은 대부분 이런 비난이 조작된 증 거에 바탕을 두고 있거나 오해에서 비롯했다고 주장한다.

* 루소는 드 베르셀리 부인의 시종으로 일했으며, 바랑 부인의 후원으로 신학교에 들어가는 등 여성의 도움을 많 이 받았다. 후일 바랑 부인 곁에 살면서 음악과 독서에 몰두하며 교양을 쌓았고, 이후에도 여러 귀족 부인의 호의 를 받으며 지냈지만, 결국 어린 하녀 테레즈 르 바쇠르와 오랜 동거 끝에 결혼했다.

실적에 목숨 걸다
영업자는 어떻게 사는가

생산자는 자기 직업을 어렵잖게 정의할 수 있습니다. 책상을 만들거나 빵을 만드는 사람은 남들에게 자기가 하는 일이 어떻게 이루어지는지를 분명하게 설명해줄 수 있죠. 그리고 자기가 한 일에 어떤 가치가 있는지를 알려면 자기가 만들어놓은 결과물을 보는 것으로 충분합니다. 그가 받는 평가도 그가 만들고 남들이 눈으로 확인할 수 있는 결과물을 통해 결정됩니다. 그 물건이 사람들 마음에 들고, 좋은 가격에 팔리면, 그것을 만든 생산자도 좋은 평판을 얻죠. 그렇게 생산자는 그런 활동을 '직업'으로 삼고 있습니다.

하지만 회사 사무실에서 일하는 직원들에게는 이런 운이 없습니다. 그들은 다른 사람들과 함께 일하고, 그들의 일이 일정한 결과를 내기까지 중간 과정에는 여러 직업의 작업자가 참여합니다. 따라서 명확하게 각자의 실적을 규정하기가 쉽지 않습니다. 그들은 전체적인 결과에 이바지할 뿐,

볼테르(François Marie Arouet, 1694~1778)와 이성, 루소(Jean-Jacques Rousseau, 1712~1778)와 감성

18세기 프랑스 계몽주의를 대표하는 볼테르와 루소는 평생의 숙적이었으나 같은 해에 사망했고 현재는 두 사람 모두 팡테옹에 안장되어 있다. 이들의 숙적 관계는 무엇보다도 세계를 바라보는 시각 차이와 더불어 루소의 병적인 편집증에서 비롯한다. 가난한 시계 제조업자의 아들로 태어난 루소는 태어난 지 불과 열흘 만에 그의 어머니가 세상을 떠났다. 게다가 열 살 때 아버지마저 집을 나가 몹시 불안정한 유·소년기를 보내야 했다. 그는 열여섯 살 때 출생지인 제네바를 떠나 방랑 생활을 시작했고, 이 시기에 우연히 바랑 남작 부인을 만나 모성애와 이성애가 뒤섞인 사랑을 경험했고, 집사 생활을 하며 지적 교양을 쌓았다. 반면 '볼테르'라는 필명으로 유명한 아루에는 전형적인 부르주아였던 공증인의 아들로 태어났다. 재기발랄했던 그는 오를레앙 공을 비난하는 글을 썼다는 이유로 1717년 바스티유 감옥에 갇히기도 했다. 비판 정신으로 충만했던 그는 이후 한 귀족과의 마찰로 다시 바스티유 감옥에 갇혔다가 영국으로 가겠다는 약속을 하고 나서야 풀려나기도 했다.

두 사람은 계몽주의 계보에 속하는 지식인답게 당대의 사회와 문화에 대해 비판적인 태도를 보였으나 세계관에는 서로 큰 차이가 있었다. 루소는 '사회 상태'는 반드시 '자연 상태'가 전제되어야 하는데 인간 사회가 타락하는 근본적인 원인이 자연 상태를 사회 상태가 침범하는 데 있다고 보았다. 인간의 욕망에 바탕을 둔 자만심과 이기심에 바탕을 둔 사회 제도와 문화는 사람 사이의 관계를 상호의존 관계에서 투쟁 관계로 변질시킨다고 생각했던 것이다. 이런 루소의 생각에 대해 볼테르는 사회를 떠난 인간은 동물과 다름없는 야수성을 드러낸다며 강하게 반론을 제기했다. 루소가 인간 본성의 회복이라는 문제에 초점을 맞췄던 반면, 볼테르는 종교로 대표되는 광신의 극복이라는 문제에 관심을 두었으며 이성의 힘으로 광신을 극복할 수 있다고 주장했다. 그는 이성을 초월하는 신비스러운 신에 대한 자신의 견해 표명을 거부한 채 자연의 법칙과 질서를 인식할 수 있는 인간의 능력인 이성의 힘을 신뢰했다. 그러나 회의주의적이며 삶의 본질에 대한 직관적인 통찰력이 뛰어났던 루소는 볼테르의 이성에 대한 신뢰를 의심에 찬 눈길로 바라보았다. 루소에게는 인간의 이성이라는 것이 내포한 한계성과 불확실성이 너무도 명확했기 때문이었다.

거의 모든 경우에 어떤 결과물도 그 결과물의 생산에 참여한 사람들의 노동이나 재능을 각기 구체적으로 반영하지는 않습니다. 따라서 그들의 작업이 정확하게 무엇이라고 정의하기는 매우 어렵죠. 외부 사람에게 그들의 일이 어떻게 이루어지는지를 설명하기는 일종의 내기와 같고, 때로 희극적인 장면을 연출하기도 합니다. 그러다 보면 일하는 사람에게는 우울증, 인정받지 못하는 듯한 기분, 자기가 하는 일의 의미에 대한 회의, 동기 상실 등 부작용이 생기기도 합니다.

반면에 영업자들은 이런 모호함에서 벗어납니다. 그들이 한 일의 결과는 즉시 숫자로 표시되죠. 각각의 영업자가 기록한 판매량은 월말에 그의 재능과 근성에 대한 객관적 평가의 기준으로 작용합니다. 영업이라는 직업은 명백하고, 누구나 그것이 무엇으로 이루어지는지를 잘 이해하고 있습니다. 바로 '판매'라는 활동이죠. 영업자는 자신이 무엇을 위해 노력하는지, 자기 활동의 본령이 무엇인지를 잘 알고 있습니다.

그러고 보면 볼테르가 루소와 치열하게 경쟁을 벌이는 것도 별로 놀라운 일은 아닙니다. 영업자가 판매에 실패할 때마다 그의 가치는 그 실패만큼 소멸하는 셈입니다. 결국, 그들의 다툼은 자신의 가치와 명예를 지키려는 노력에서 비롯합니다. 과거에 두 사람이 서로 의견이 다르면서도 몽매주의에 대한 계몽주의의 승리를 위해, 그리고 모든 형태의 광신에 대한 이성의 승리를 위해 함께 싸웠을 때도 상황은 마찬가지였습니다. 이제 두 사람은 서로 한 걸음도 물러나지 않는 상태로 서로 대치하고 있습니다. 근본적으로 그들은 전혀 달라지지 않았고, 바로 그런 점이 그들의 위대함이기도 합니다. 그들은 코기톱에 취업해 일하면서도 각자 자신의 철학에 충실하고, 그들이 그토록 잘 대변하는 18세기 정신-계몽적 논쟁의 정신-에도 충실합니다. 우리는 최소한 가장 기본적인 한 가지 사실에 대해 모두 생각이 일치하기에 서로 다른 의견을 말할 수도 있고, 서로 대립할 수도 있습니다. 그 한 가지 사실이란 누구에게나 자기 생각을 이성적 언어로 표현할 권리가 있다는 것입니다. 이것이 바로 볼테르가 말했다고 전해지는 -사실, 볼테르가 직접 이런 말을 한 적은 없는 것 같지만- "나는 내 생각을 위해 죽음을 각오하고 싸울 것이다. 하지만 당신이 당신의 생각을 표현할 수 있게 하기 위해서 내 목숨을 내놓을 준비가 되어 있다."라는 명언의 의미이기도 합니다. 볼테르, 루소, 달랑베르, 디드로 같은 18세기 철학자들은 신, 인간의 본성, 국가의 개념, 예술의 역할, 노예제도 등 거의 모든 문제를 두고 치열하게 논쟁을 벌였습니다. 하지만 이런 대립은 이성의 무한한 힘에 대한 믿음을 더욱 강화해주는 효과가 있었죠.

바로 이런 점에 니체는 분노를 터뜨립니다. 그에게 이성은 신이나 역사와 마찬가지로 또 하나의 우상에 불과하기 때문입니다. 신을 향한 광신이 있듯이 이성을 향한 광신도 있다는 겁니다. 그는 분노를 터뜨립니다.
"젠장! 저 프랑스 놈들!"
분노가 좀처럼 가라앉지 않는 그는 이 18세기 전통의 계승자들을 모조리 쫓아내려고 호시탐탐 기회만 엿보고 있습니다.
"세상에 신의 자리에 이성을 올려놓고 싶어 하는 바보는 이 프랑스 놈들뿐일 거야! 이자들은 철학자라는 직업이 어떤 것인지 눈곱만큼도 이해하지 못한 놈들이라고!"

파워포인트

파워-포인트

슬픈 피에로! 다른 직원들에게 닥쳤던 일이 드디어 그에게도 닥치고야 말았습니다. 그들과 마찬가지로 피에르도 더없이 꼼꼼하게 준비했지만, 결국 프레젠테이션에 실패하고 말았습니다. 흔히 '피티'라고도 부르는 이 공개 발표에서 그야말로 죽을 쑤고 만 겁니다. 그는 프레젠테이션할 때 절대 해서는 안 될 실수를 저질렀습니다. 칠판에 적혀 있는 내용을 사람들이 보고 있는데도 그것을 그대로 읽었던 것이죠. 그야말로 내용을 '재탕'했던 겁니다. 사람들은 이미 읽은 내용을 그가 '재생산'하고 있다는 인상을 받자, 기분이 언짢아졌습니다. 그나마 그가 파워포인트를 사용하지 않은 덕분에 다행히도 상황이 더 나빠지지는 않았습니다. 파워포인트 사용자는 흔히 자신이 화면에 투사한 내용에 스스로 매료되어 청중을 바라보는 일을 잊곤 합니다. 그런데 이보다 더 심각한 잘못은 없습니다. 자신뿐 아니라 남들도 뻔히 보고 있는 내용을 설명한답시고 되풀이해 읽으면서 자기 앞에 앉아 있는 사람들을 바라보지조차 않는 태도는 그들을 회피하거나 그들의 시선을 두려워한다는 인상을 주기 십상입니다. 그런데 정작 본인은 몹시 괴로워하고 있습니다. 홀로 여러 사람 앞에 서서 프레젠테이션에 몰두한 그는 존재감을 드러내지 못하는 자신을 몹시 불편하게 느끼고 있을 겁니다. 그를 바라보고 있는 사람들도 불편하기는 마찬가지죠. 사람들이 느끼는 불편은 발표자가 카리스마도 없고 귀중한 시간만 허비하게 했다는 생각이 들면 분노로 바뀝니다.

피에르에게는 억울한 일이죠. 사실은 되풀이, 반복, 재생산이 얼마나 지겨운 것인지를 보여주고자 일종의 퍼포먼스를 했던 것인데, 사람들은 메시지는 접수하지 못한 채 연기만을 보고 평가했으니 말입니다. 사람들은 손가락이 가리키는 달을 보지 못하고 손가락만을 본 셈입니다.

사람들은 그가 순수한 좌파적 신념에 충실하게 부르주아 이념의 재생산을 종식할 수 있다는 희망을 되살리기 위해 이 회사에 들어왔다는 사실을 눈치챘을까요? 사회학자로서 그는 공화주의자들이 들인 수많은 노력과 그간에 거둔 성과도 무색하게 학교가 부르주아 엘리트 자녀를 재생산하는 장소가 되어버렸다는 사실을 비판한 바 있습니다. 부르주아 엘리트 자녀는 어린 시절부터 학교에서 좋은 평가를 받고, 그 평가를 무기 삼아 일류 대학에 들어가고, 일류 대학 졸업장을 손에 쥐고 사회 엘리트로 거듭나는 데 필요한 재능을, 특히 부르주아 이념에 따라 추론하는 재능을 기릅니다. 부르디외는 학교가 더는 이런 불공정한 재생산의 온상이 되지 않도록 오래전부터 학교의 교육 체계가 달라지기를 희망했습니다. 하지만 결국 이런 희망이 부질없다는 사실을 깨닫게 되었죠. 사람들은 부르주아식 추론 능력과 부르주아적 지식에 지나치게 집착하기 때문입니다. 프롤레타리아 출신으로 교사와 교수가 된 사람들조차도 이런 부르주아의 추론 능력에 집착합니다. 그들은 너무도 힘겹게 그런 능력을 습득했기에 더더욱 거기에 집착하죠. 이처럼 학교에는 아무것도 기대할 수 없게 되었습니다.

그러고 보면 부르디외는 바로 이런 이유에서 학교를 포기한 대신 기업 쪽으로 눈을 돌려 코기톱에 들어왔는지도 모릅니다. 이런 가정이 더욱 설득력 있는 이유는 2010년을 전후해서 재계에서는 어떤 정신적 변화의 움직임이 감지되었습니다. 학위라든가 자격증 따위의 '스펙'을 중시하던 풍조가 사라지기 시작했다는 겁니다. 전반적인 경제 위기가 찾아오면서 기업의 임직원들은 학위나 자격증보다 업무수행 능력과 실제적인 성과에 따라 평가받기 시작했습니다. 일류 대학 졸업자들도 취업에 어려움을 겪게 되었죠. 어쩌면 세상은 변하고 있었는지도 모릅니다. 이십 대 초반에 거머쥔 일류 대학 졸업장이 안락한 평생직장을 보장해주던 시대는 끝난 겁니다. 적어도 부르디외는 이런 세상을 원했을 겁니다. 이런 희망은 그가 아침에 자리에서 일어나야 할 이유가 되었죠. 이처럼 부르주아 권력의 재생산 시대를 종식하는 것이 가능해 보였습니다. 그렇습니다. 새로운 시대가 열리고 학교는 불평등을 추방하고, 학벌에 대한 집착에서 해방된 기업은 이제 모든 이에게 평등한 기회를 줄 수 있을지도 모릅니다.

피에르 부르디외(Pierre Bourdieu, 1930~2002)와 재생산

부르디외는 현대 프랑스 사회학을 대표하는 사회학자이자 참여 지식인으로 명성이 높다. 다양한 사회 문제에 대한 관심과 독창적인 시각은 프랑스를 넘어 전 세계 지식인들에게 큰 영향을 미쳤다. 특히 그는 사회적 재생산을 가능하게 하는 은폐된 경로로서의 사회 제도와 행위자의 인식 문제에 대한 해명을 사회학의 중요한 과제 중 하나로 삼아 사회적 재생산 현상을 설명하는 과정에서 자본의 개념을 입체적으로 바라보았다.

마르크스식 자본 개념을 벗어난 그는 계급 재생산의 메커니즘이 경제 자본, 문화 자본, 사회 자본이라는 세 가지 형태의 자본에 의해 지탱되고 있다고 설명했다. 경제 자본은 금전, 토지, 노동, 수입 같은 경제적 자원들이고, 사회 자본은 사회적 관계의 망을 확보하고 유지하는 데 필요한 자원을 동원하는 데 소요되는 자본을 말한다. 또한, 문화 자본은 경제 자본이 오랜 사회화 과정을 통해 아비투스(habitus)의 형태로 취향이나 태도 같은 개인의 내적인 요소로 자리 잡은 '체화된 상태'와 이런 문화 자본에 바탕을 둔 문학과 예술 작품 같은 '객체화된 상태', 그리고 교육 기관에서 수여하는 학위처럼 체화된 문화 자본이 사회적 정당성을 획득한 '제도화된 상태'로 나뉜다. 여기서 아비투스란 쉽게 말해 개인의 문화적인 취향과 소비의 근간이 되는 성향, 타고난 것이 아니라 개인의 사회적 위치, 교육적 환경, 계급적 위상에 따라 후천적으로 배양되고, 무의식적으로 잠재되어 있으며 상속도 될 수 있는 성향을 의미한다.

부르디외는 이처럼 자본을 세 가지 형태로 구분하면서 특히 아비투스로서 문화 자본을 내면화하는 가족 제도와 문화 자본의 불평등을 정당화하는 교육 제도를 사회적 재생산에서 가장 강력한 주체로 지적하면서 현대 사회의 지배 구조나 계급 구조가 어떻게 유지되고 재생산되는지를 문화 분석을 중심으로 설명했다. 다시 말해 문화가 계급과 지위의 차이를 유지하고 재생산하기 위해 어떻게 작동하는지를 보여주었던 것이다. 그는 개인의 취향이 가치 중립적이고 지극히 개인적인 것처럼 보이지만, 사실은 사회의 계급이나 계층 구조를 반영하고 있다고 말한다. 상류층에는 흔히 고전적인 고급 예술에 대한 취향이 있다면, 노동 계급에는 흔히 저속한 대중문화에 대한 취향이 있는 것은 이런 이유 때문이다. 이처럼 계급 차이가 문화적 차이를 생산하지만, 이런 차이는 계급적 지위가 아니라 마치 개인적 특성에서 비롯한 것처럼 오인하게 한다는 것이다. 즉, 문화적 소비는 의식적·무의식적으로 사회적 차이를 정당화하도록 조건 지어진 상태로 사회적 재생산 과정에 이바지한다.

103

상식의 작은 공간
CV에서 WC로

기업이나 기관에서 일한다는 것은 늘 다른 사람들이 지켜보는 시선의 압박을 받으며 지낸다는 것을 의미합니다. 그럴 때 화장실에 들어가 문을 닫고, 자기만의 시간을 누릴 수 있다는 것은 얼마나 달콤한 행복일까요?

드디어 남의 시선을 피해 혼자 있을 수 있고, 마음 놓고 인상 쓰며 배에 힘을 주고, 가식 없는 인간 본연의 자세로 돌아가 웅크리고 앉아 있을 수 있습니다. 그렇습니다. 그렇게 사라질 수 있다는 것은 행복한 일입니다. 화장실에 들어가는 것은 어찌 보면 감옥에서 나오는 것과 같다고나 할까요? 마음이 후련해지고, 드디어 시원하게 숨을 쉬고, 심지어 벽에 기대 두루마리 휴지로 머리를 괸 채 짧은 잠을 청할 수도 있습니다. 화장실에서 나오는 직원들의 얼굴을 잘 살펴보세요. 개중에는 뺨에 화장실 벽의 타일 자국이 남아 있거나 이마에 두루마리 휴지 자국이 나 있는 것을 볼 수 있습니다. 그런 자국은 쪽잠을 조금 오래 잤다는 증거죠. 기합이 바짝 들어간 인턴사원들은 감히 그런 모험을 엄두도 내지 못하고, 또 선배들이 그들에게 그런 일탈의 수단을 일러주지도 않겠지만, 결국 신입사원들에게도 선배들의 수상쩍은 행적을 보고 이 짧지만 달콤한 행복의 맛을 알게 되는 날이 찾아오게 마련입니다. 어쨌든 쪽잠이 너무 길어지지 않게 하려면 알람을 7~8분 후로 맞춰놓는 것이 좋습니다. 생리적으로도 이런 '미니 낮잠'은 매우 유익해서 공기를 주입해서 사용하는 미니 텐트가 회사원들을 고객층으로 해서 출시되기도 했습니다. 회사원들은 이제 화장실에서 부끄럽게 쪽잠을 자기보다는 회의실이나 강당에 이 텐트를 쳐놓고 '미니 낮잠'을 즐길 수 있겠죠.

미니 텐트를 처음으로 기획하고 출시한 사람은 미셸 푸코에게 자문하고, 회사원들의 낮잠 실태를 조사하기 위해 푸코가 보유한 방대한 자료를 참고했을지도 모릅니다. 방법적인 자료 보관과 정리가 중요한 이유는 말만 번지르르한 주장들을 간단하게 대체할 수 있기 때문입니다. 객관적 사실은 누구도 부정할 수 없이 확고하죠. 직원들이 굳게 닫혀 있는 화장실 문 뒤에 숨어 쏟아내는 불만과 욕설의 빈도, 회사에서 유행이 되어버린 화장실 낮잠의 평균 수면 시간, 화장실 안에서 남몰래 이루어지는 은밀한 행위의 지속 시간 등… 게다가 낮잠 자는 시간은 회사의 피라미드 구조 아래쪽으로 내려올수록 더 길어지고, 실제로 짧은 낮잠은 힘 있는 사람들에게는 사치에 속한다는 사실이 밝혀졌습니다.

데카르트에 관해서도 CCTV를 통해 수집된 정보는 매우 소중합니다. 그는 『형이상학적 성찰』을 썼지만, 순수한 성찰에는 1년에 몇 시간 정도만을 할애해야 한다고 충고했습니다. 그는 추상적인 사유에 사로잡히는 것을 비판하고, 제대로 생활하고 행동하지 못하는 철학자의 이미지를 불식하려고 애썼습니다. 그는 덧붙여 말하기를 순수한 오성에 호소하는 책은 1년에 몇 시간 정도를 할애하여 읽으면 되지만, 감각에 호소하는 책은 하루에 여러 시간 읽는 것이 좋다고 했습니다. 실제로 데카르트 자신은 매우 활동적인 인물이었습니다. 그는 군인이었고, 여행가였으며, 자녀를 둔 아버지였고, 사랑에 빠진 연인이었습니다. 그는 일상적이고 구체적인 삶에 형이상학적 사유가 별로 도움이 되지 않는다는 사실을 분명히 지적하기도 했습니다.

자, 이런 충고를 어떻게 해석해야 할까요? 1년에 몇 시간을 -하루에 몇 시간도 아니고- 제외하고, 또 화장실에서 명상에 잠겨 있는 시간을 제외한 그 긴 시간에 데카르트는 대체 어떤 생각을 하며 살아갈까요? 이성과 의지의 전능함에 대해 생각할까요? 신의 존재에 대한 새로운 증거에 대해 생각할까요? 아니면 철학자가 겪는 어려움에 대해 생각할까요? 그리고 우리는 어떻게 해야 할까요? 자신을 배반하지 않고 살아가기가 얼마나 어려운지를 생각해야 할까요?

아, 드디어 일어나는군.

아! 아직 안 끝났어.

데카르트 부장은 일 보고 손 씻는 데 한 시간씩 걸리지.

휴지로 손을 감싼 채 문을 열고 나오면, 세면대에서 비누로 양손을 네 번씩 씻지.

그런 다음, 손 세정제로 손가락을 하나하나 완벽하게 소독한다네.

내면의 건축물
사무실의 사생활

인턴사원 케빈 플라톤은 화장실에 설치된 감시 카메라를 보고 엄청난 충격을 받았습니다. 회사에서 직원들을 대상으로 이런 짓을 하다니! 하지만 적어도 희랍인으로서 그의 반응은 적절치 않습니다! 기원전 5세기 희랍인은 사생활 침해 따위로 충격을 받는 일은 있을 수 없었습니다. 당시에는 '사생활'이라는 개념 자체가 아무런 의미가 없었으니까요, 귀중한 내면이 있는 근대적 개인은 기독교의 발명품이었습니다. 역사상 처음으로 인간이 신의 부름을 받을 수 -받지 않을 수- 있었던 것은 가슴속에서 은밀하게 진행된 사건이었죠.

아테네 시민에게 가치 있었던 것은 사적 생활이 아니라 공적 생활이었습니다. 공적 생활이야말로 가장 소중하게 보호해야 할 재산 같은 것이었죠. 아리스토텔레스가 인간을 '정치적 동물'이라고 정의했던 것은 공연한 일이 아니었습니다. 이성이나 언어, 동포애처럼 진정으로 '인간적인' 가치는 아고라와 같은 공적 현장에서 민주적 토론을 통해 발전할 수 있었습니다. 가정이나 침실 같은 사적 영역에서 이루어진 모든 것은 당시에 아무런 관심거리가 될 수 없었죠. 그것은 먹고, 자고, 성행위를 하는 것처럼 본능적인 욕구가 지배하는 자연의 영역에 속한 것으로 이런 활동을 할 때 인간은 동물과 다름없다고 보았습니다. 따라서 존중할 가치가 없는 사생활을 염탐하는 짓은 문제시될 수 없었죠. 사생활은 단지 자유로운 인간, 시민으로 살아가려면 벗어나야 할 최저 수준의 삶, 환원적 성격의 삶으로 규정되었을 뿐입니다. 소크라테스가 사형선고를 받았을 때 그에게는 죽음과 망명의 두 가지 선택이 있었지만, 끝내 도주하기를 거부했던 이유는 그에게 시민으로서의 삶이 더 중요했기 때문이었습니다. 아고라에서 멀어지면 그의 삶은 자연적 욕구나 충족하며 살아가는 짐승의 삶과 다를 바 없었죠. 그는 그처럼 의미 없는 사적 삶보다는 차라리 죽음을 택했습니다. 공적 삶을 빼앗기기보다는 삶을 포기하는 편이 낫다고 생각했던 것이죠.

사생활이 각자의 중심 가치가 되어버린 오늘날, 우리에게 이런 생각은 참으로 납득하기 어렵습니다. 사생활은 우리가 이 세상 무엇보다도 '사적'이기를 원하는 삶입니다. 사생활은 침해하고 간섭하려는 시선으로부터 보호하고 보존해야 할 '비밀의 정원'이며 가장 소중한 보석 상자와 같은 것이죠. 그리고 공적인 삶은 제약과 필요와 의무적인 부담과 관계가 있습니다. 그러고 보면 역사적으로 교차적 변화가 일어났던 셈입니다. 고대인들에게 중요한 가치로 작용했던 것은 근대인에게 반(反)가치가 되었고, 고대인들이 경시했던 가치는 근대인이 추구하는 중요한 가치가 되었습니다. 뱅자맹 콩스탕*은 『근대인들의 자유와 비교해본 고대인들의 자유에 대해』라는 책에서 이런 상황을 완벽하게 요약했습니다. 즉, 고대인들은 자유를 공적 사안에 참여할 권리로 간주했고, 근대인들은 자유를 공적인 사안에 참여하지 않을 권리, 즉 가까운 사람들과 함께 집에서 편히 쉬면서 상관하지 않을 권리로 간주한다는 것이죠. 따라서 근대인은 사적 공간을 존중받지 못할 때 충격을 받는다는 겁니다.

현대인 케빈 플라톤이 감정적으로 반응하고 있는 이런 상황에 만약 푸코 자신이 놓여 있었다면 어떻게 처신했을까요? 만약 소크라테스나 예수가 살아 있었다면 이런 경우에 어떻게 처신했을까요?

 뱅자맹 콩스탕(Henri Benjamin Constant, 1767~1830)

스위스 로잔 출생. 영국의 옥스퍼드 대학·에든버러 대학과 독일에서 공부했다. 한때 나폴레옹에게 협력하여 호민관에 임명되기도 했으나 나폴레옹이 자유사상을 탄압하자 1803년 독일로 망명해서 군정(軍政)을 탄핵하는 『정복의 정신과 찬탈에 관하여』(1814)를 발표했다. 1814년 파리로 돌아와 나폴레옹의 100일 천하, 왕정복고, 7월 혁명 등 당시 혼란한 정치 정세에 따라 몇 차례 지조를 바꾸기는 했지만, 자유주의적인 입헌군주제 지지자로서 정치적 생명을 유지했다. 그의 저서 중 『아돌프』(1815)는 스탈 부인과의 사랑을 묘사한 자전적인 소설이며, 심리소설의 원형이라고 할 수 있는 걸작이다. 미완성의 자전적 소설 『세실』이 발견되어 1951년 발간되었으며 뛰어난 심리소설이라는 평가를 받았다. 이 밖에도 『헌정론』(1818) 등의 저술이 있다.

120

사장님, 나빠요!
학대의 민낯

'왜 그 친구는 되고, 나는 안 되지?' 동료는 봉급이 인상되었는데 자기 봉급은 그대로라면, 당연히 이런 불만을 품게 됩니다. '왜 그 친구는 문제 없고, 나만 문제 삼지?' 동료와 함께 잘못을 저질렀는데, 자기만이 문책을 받게 된다면 당연히 이런 불평을 하게 됩니다. '왜 그 친구는 내버려두고, 나만 못살게 굴지?' 상사가 귀찮고 평가도 받지 못할 일을 동료는 제쳐놓고 자기에게만 맡길 때도 이런 볼멘소리가 나오겠죠.

게다가 편집증 증세가 있다면 직장생활은 지옥 같을 겁니다. 회사에서 일하다 보면 각각의 업무 구분이 그리 명확하지 않게 되고, 팀 단위로 결과를 낸다든가 책임을 나눠서 지는 경우가 많습니다. 그럴 때 각자의 역할과 능력을 자로 잰 듯이 정확하게 측정하기는 거의 불가능하죠. 어찌 보면 바로 이런 점이 직장생활에서 가장 까다로운 문제가 되기도 합니다. 즉, 경계가 불분명한 세계에서 제대로 처신하기는 결코 쉬운 일이 아닙니다. 그리고 이런 불분명함이 편집증을 심화하고, 결정을 내리기 어렵게 하죠. 어떤

자크 데리다(Jacques Derrida, 1930~2004)와 해체

　데리다는 프랑스의 현대 철학자로 구조주의 이후를 대표하는 인물이다. 그는 다양한 사상적 편력을 거쳤으나 특히 후설의 현상학 연구에 매진해 1954년 후설 연구로 교수자격 논문을 썼다. 그의 사상적 핵심인 '해체(déconstruction)'는 철학의 지평을 넘어 시대정신을 함축하는 말이 되었고, 그에게는 '해체주의 철학자'라는 꼬리표가 따라다녔다. 이처럼 그의 철학적 문제의식은 서구 형이상학적 전통의 근간을 해체하는 데 있었다. 그는 서구 형이상학의 특징을 두 가지로 집약했다. 하나는 '현존(présence)'에 대한 환상적인 믿음이며 다른 하나는 '이항 대립적 체계(système d'oppositions)'다.

　흔히 사람들은 각각의 사물에 본질적인 의미가 있다고 생각한다. 그러나 구조주의 언어학에서는 말의 의미가 언어 체계 밖에 존재하는 것이 아니라 언어 내부에 존재하는 기호들의 상호 관계를 통해 발생한다고 설명한다. 데리다 또한 이런 설명 방식에 동의한다. 예를 들어 '행복'이라는 말에 대응하는 무엇인가가 이 말이 생기기 전에 실제로 존재했던 것이 아니라 '행복'이라는 이름이 어떤 사물(상태)을 태어나게 한 것이다. 이는 신호등의 붉은색이 정지를 뜻하고, 푸른색이 진행을 뜻한다고 할 때 붉은색이 본질적으로 '정지'라는 의미를 내포하고 있거나 푸른색이 '진행'이라는 의미를 내포하고 있는 것이 아니라 언어 체계와 마찬가지로 교통신호 체계 안에서만 그 같은 의미가 생성되는 것과 같은 이치다. 그는 이름을 붙이기에 앞서 사물이 본질적인 의미를 내포하고 있다고 생각하는 태도를 '현존의 형이상학'으로 명명하며 비판적인 시선으로 바라보았으며, 모든 형태의 지식이 일정한 중심과 기원에 바탕을 두고 있다는 플라톤 이래 서구 형이상학적 전통의 가정을 부정한다. 이런 중심과 기원의 해체야말로 데리다 철학의 핵심적 과제인 셈이다.

　또한, 그는 서구 형이상학이 본질적으로 이항 대립적 체계에 기초하고 있다는 점을 지적했다. 즉, 형이상학 자체가 형이하학적인 것과 대립항을 이루며 구축된다는 것이다. 전자에 이성, 내면, 정신, 보편, 필연 같은 항목이 배치되고 후자에는 감성, 외면, 육체, 특수, 우연 같은 개념이 대응한다는 것이다. 그런데 이런 대응 관계의 한쪽에 진리, 선, 아름다움, 완전성 같은 긍정적 가치가 결합하는 반면, 다른 쪽에 거짓, 악, 추, 불완전성 같은 부정적 가치가 결합한다. 근대에 이르기까지 서구의 지적 전통은 전자에 서양, 남성, 백인, 지배 같은 항목을 배치하고, 후자에 동양, 여성, 흑인, 피지배 같은 항목을 배치했던 것을 생각하면, 데리다가 목표했듯이 서구 현존의 형이상학을 해체한다는 과제의 급진성을 이해할 수 있을 것이다.

결정을 내린다는 것은 의혹을 불식하고 양단간에 하나를 선택한다는 것을 뜻합니다.

코기톱 직원이라고 해서 이런 까다로운 상황에 놓이지 말라는 법은 없습니다. 몽테뉴는 왜 푸코가 다른 직원들은 내버려두고 유독 자신의 페이스북 계정만을 해킹했는지 도무지 납득할 수가 없습니다. 편집증적 성격으로는 따를 자가 없는 루소는 두말할 필요도 없죠. 몽테뉴가 두꺼운 계약서를 복사하려고 할 때마다 복사기는 고장 난 상태에 있습니다. 루소는 이것을 우연의 일치로 받아들일 수가 없습니다. 그는 또 편집증이 발동해서 이것이 혹시 윗선에서 꾸민 음모가 아닌지 의심합니다. 루소가 심각한 편집증을 보이는 배경에는 파란만장했던 그의 인생이 있습니다. 루소가 1712년 6월 28일에 태어나고 나서 며칠 뒤인 7월 7일 어머니가 세상을 떠났습니다. 철들 무렵이 되자 그는 어머니가 고의로 자신을 버렸다며 돌아가신 어머니를 몹시 원망합니다. 게다가 그는 이 몹쓸 편집증 때문에 볼테르, 디드로, 흄, 칸트 등 친구들과도 사이가 틀어집니다. 그리고 이 증세 때문에 여성들에게도 사랑받지 못하는 불행한 사람이 되어버리죠. 그의 연인이었던 소피 두드토 백작 부인은 루소에게 보낸 절교 편지에서 그가 앓고 있는 이 불치병을 한탄합니다. 그는 결국 사회에서 멀리 떨어져 은둔하지만, 이런 시도조차도 실패로 끝납니다. 정원 구석에 혼자 있으면서도 그는 누군가가 악의를 품고 자신을 지켜보고 있다는 강박에 사로잡힌 채 살아갑니다. 그의 유명한 저작 『고독한 산책자의 몽상』에 나오듯이 달려오던 개와 부딪혀 넘어졌을 때도 그는 거기에 어떤 음모가 숨어 있다고 의심합니다. 그의 입장을 고려해서 말하자면, 그가 살던 시대는 그에게 친절하지 않았던 것이 사실입니다. 과학이나 예술이 얼마나 도덕을 후퇴시킬 수 있는가를 설파했던 그의 천재적 작품 『학문과 예술에 대한 담론』이 격렬한 논쟁과 물의를 일으켰기에 그는 『사회계약』을 암스테르담에서 출간해야 했고, 프랑스에서 이 책은 곧바로 금서가 되었습니다. 이런 쓰라린 경험들이 있었기에 루소는 몽테뉴가 '계약'의 새로운 버전을 복사하려고 할 때 복사기가 고장 나 세 번이나 실패한 것을 우연의 일치로 볼 수만은 없었던 것이죠. 교육에 관한 그의 저술 『에밀』도 당국에서 금서로 지정했습니다. 그리고 그는 체포령을 피해 간신히 도피에 성공해서 스위스로 망명했습니다. 그는 심지어 돌팔매를 당하기도 했습니다. 한 신부가 교회에서 그를 심각하게 비난하면서 대중을 선동하자, 어느 날 밤 사람들이 그의 집으로 몰려와 돌을 던져 그의 집을 돌 더미에 묻어버렸던 적도 있었죠. 그는 마지막으로 『고백』에서 동시대 사람들에게 자기 생각을 전하려고 했지만, 이마저도 경찰이 금지했습니다. 이쯤 되면 웬만한 사람도 편집증 환자가 되는 것은 시간문제입니다. 심지어 루소는 죽은 뒤에 1794년 유해가 팡테옹으로 옮겨졌을 때도 평생 견원지간이었던 볼테르와 서로 머리를 맞댄 위치에 안장되었습니다. 이처럼 루소에게 앙숙과 영원히 함께하도록 했던 것은 우연의 일치였을까요, 운명의 음모였을까요?

다행히도 현명한 몽테뉴는 복사기의 수리를 맡은 사람이 데리다라는 사실을 루소에게 알리지 않았습니다. 데리다는 '해체'에 대한 그의 다변한 이론으로 전 세계에 두꺼운 독자층을 형성한 프랑스 철학자입니다. 그는 동시대인들의 존경과 사랑을 받았지만, 루소는 미움과 증오를 받았죠. 여성들도 데리다에게 열광하고, 금속성 광채가 나는 그의 푸른 눈에 매료되었지만, 루소는 사랑했던 모든 여성으로부터 버림받았습니다. 데리다는 중국과 콜롬비아 학자들로부터도 존경을 한 몸에 받았지만, 그들은 『고백』과 『사회계약』의 저자가 누구인지도 몰랐습니다. 그러고 보면 편집증은 인간 세상을 쉽사리 떠나지 않을 증상임이 분명합니다.

126

불금 혹은 야성적 삶
자유 복장의 함정

왜 더 일찍 그 생각을 못 했을까요?

직원들은 지치고 맥이 빠졌습니다. 반복적인 업무는 지루하고, 봉급은 너무 적습니다. 직장생활에서 이제 더는 열정을 느낄 수도 없습니다. 이럴 때 어떤 반짝이는 아이디어를 낼 수 있을까요? 어떻게 해야 직원들에게 다시 동기를 부여할 수 있을까요? 결국, 회사에서는 며칠에 걸쳐 브레인스토밍을 시도합니다. 그리고 괜찮은 아이디어를 찾아내죠.

그 아이디어는 치아가 희고 턱이 조금 돌출한 입에서 나왔습니다. 한 남자가(그는 미국인입니다) 자리에서 일어나 노트북에 저장해두었던 파워포인트 슬라이드를 벽에 걸린 화면에 투사합니다. 첫 번째 슬라이드에 정장 차림에 회색 넥타이를 맨 작은 인물이 등장하고 그 밑에 '월요일'이라고 쓰여 있습니다. 남자는 화면을 바라보며 이렇게 말합니다. "여러분은 화면에서 정장 차림에 회색 타이를 매고 있는 인물을 보고 계십니다. 밑에는 '월요일'이라고 쓰여 있죠?" 그리고 벽에 비친 두 번째 슬라이드에도 같은 인물이 등장하고 밑에 '화요일'이라고 쓰여 있습니다. 그렇게 똑같은 인물이 등장하고 '수요일', '목요일'이라고 쓰여 있는 세 번째, 네 번째 슬라이드가 화면을 스쳐 지나갑니다. 이 시점에서 남자가 그곳에 모여 있는 사람들을 향해 말합니다. "여러분은 요일만 다르고 똑같은 인물이 등장하는 네 장의 슬라이드를 보셨습니다. 어떤 느낌이 드는지 말씀해보시겠습니까?" 그러자 좌중에서 웅성거리는 소리가 들리고, "지루하다, 반복적이다, 맥 빠진다."는 말이 튀어나옵니다. 남자는 목소리를 높여 또박또박 말합니다. "맞습니다, 맞아요. 지루하고, 반복적이고, 맥 빠지죠!" 그의 태도는 꽤 설득력 있어서 좌중은 눈을 반짝이며 다음에 어떤 이야기가 이어질지 기대하고 있는 것이 역력합니다. 이제 남자는 직원들에게 직장생활의 역사를 바꾸어놓을 마지막 슬라이드를 화면에 투사합니다.

슬라이드에는 여전히 똑같은 인물이 등장하지만, 정장과 회색 넥타이 대신에 반바지와 반소매 셔츠를 입고 있습니다. 표정과 자세도 그대로이고 외모도 달라지지 않았지만, 훨씬 더 역동적이고 발랄해 보입니다. 그리고 밑에는 '금요일'이라고 쓰여 있습니다. 좌중에서 박수 소리가 나고, '브라보!'라고 외치는 소리도 들립니다. 남자는 앞으로 대단한 유행이 될 '금요일 복장(Friday wear)'를 창조한 겁니다.

이 아이디어는 대서양을 건너 유럽에도 전파되어 보시다시피 코기톱에서도 금요일 복장 차림의 직원들을 흔히 볼 수 있게 되었습니다. 많은 직장인이 다가올 주말 기분에 들뜨고, 늘 똑같은 모습이었던 동료를 다른 시선으로 바라보게 하는 이런 변화에 매료되었습니다. 그러나 에피쿠로스 같은 직원은 금요일 복장에 의혹의 시선을 보냅니다. 왜냐면 이 복장도 새로운 형태의 유니폼이 될 수 있고, 새로운 의무, 새로운 구속이 될 수 있기 때문이죠. 예를 들어 금요일에 사업상 중요한 약속이 있는데도 운동복 차림으로 사무실에 출근할 수는 없겠죠. 이런 경우에 금요일 복장은 새롭고 자유로운 차림이 아니라 부가적인 제약이 되고 맙니다. 에피쿠로스는 이처럼 찔끔찔끔 허락되는 작은 자유에 대해 본질적인 질문을 던집니다. 이 정도로 만족해야 하는 걸까요? 이것은 자유의 부여라기보다는 단지 기분전환의 전략에 불과한 것이 아닐까요? 부스러기 같은 자유를 인정한다는 것은 결국 자유 자체를 포기한다는 뜻이 아닐까요?

* 소젖으로 만든 프랑스 북부 마르왈에서 만든 치즈로 10세기 마르왈 수도원 수도승들이 처음 만들었다. 그리스산 페타처럼 세계에서 가장 오래된 치즈 중 하나로, 수없이 솔질하고 세척하여, 외피가 오렌지빛이 도는 아름다운 붉은색을 띠며 맛은 강한 편이다.

짬뽕 송별회

순수와 혼합

생각해보면 놀랍기도 합니다. 송별회는 늘 이것저것 섞여 짬뽕이 되어 버립니다. 슬픔과 기쁨이 섞이고, 상급자와 하급자가 섞이고, 알코올과 주스가 섞입니다. 플라톤은 깊이 생각에 잠겨 있지만, 이 이상한 현상을 이해하는 사람은 아무도 없습니다. 사실, 혼합의 문제는 어제오늘 시작된 것이 아니라 이미 여러 세기, 여러 시대에 걸쳐 꾸준히 제기되고 있죠.

오랫동안 사람들은 '순수의 사도'를 자처하는 플라톤을 비난해왔습니다. 그는 잡다하고, 복잡하고, 여러 가지가 뒤섞인 인간의 삶을 노골적으로 혐오하지 않았습니까? 사람들은 '천상의 이데아'를 말하는 그의 이론을 비틀어 해석하며 그를 비판하곤 했죠. 마치 그가 한쪽에는 순수하고 영원한 이데아의 세계가 있고, 다른 한쪽에는 진리가 작동하지 않는 세계, 소멸이 예정된 인간 세상이 있다고 말하기라도 했던 것처럼 말입니다. 사람들은 심지어 순수하고 우월한 인종의 보존을 위해 혼혈의 저열한 인종을 말살하고자 했던 20세기 전체주의자들의 일탈도 그의 책임이며, 순수함을 향한 그 위험한 열정이 바로 그의 작품에 응집되어 있다고 비판하기도 했습니다. 따라서 그의 책을 읽는 것은 옳지 못한 일이었죠.

그의 뒤를 이어 아리스토텔레스도 그랬지만, 사실 플라톤은 바로 이 '혼합'이라는 문제에 큰 관심이 있었습니다. 다시 말해 이데아가 감각적 현실 세계에 개입하는 방식이 그의 주된 관심사였던 것이죠. 현자는 하늘을 올려다보며 이데아를 관조하기 전에 먼저 이 세상으로 눈을 돌려 지상의 다양한 실체에 깃들어 있는 이데아를 구분해내야 했습니다. 예를 들어 이 땅에서 인간들이 서로 사랑하는 그 수많은 방식을 모두 관찰하고 난 다음에야 저 하늘에서 영원하고도 필연적으로 빛나는 사랑의 이데아에 도달할 수 있다는 것이죠. 플라톤은 이런 혼합 현상, 즉 영원한 것이 일시적인 것과 뒤섞이고, 다양한 것의 근본에 통일된 하나의 원칙이 존재하는 방식에 매료되었습니다. 게다가 그것은 아름다움의 수수께끼이기도 했습니다. 경이로운 풍경을 바라볼 때 우리는 그 다양하고 다채로운 형상에 매료되지만, 그와 동시에 어떤 다른 세계가 존재한다는 느낌, 지고의 통일성, 거기에 깃들어 있는 어떤 생각 같은 것을 체험하게 됩니다. 물론 플라톤은 『파이돈』에서 '부패하는 육체'와 분리된 순수한 영혼의 사도를 자처했지만, 이후에 스스로 생각을 많이 교정했습니다. 『필레보스』에서 그는 '지고(至高)의 선(善)'이라고 부른 '혼합된 쾌락'의 개념을 발전시켜 이렇게 말했습니다. "지고의 선은 단지 쾌락에만 혹은 지식에만 깃들어 있는 것이 아니라 이 두 가지의 혼합과 결합에 있다." 더구나 이것은 '앎의 기쁨'에 쾌락과 지혜를 혼합하는 '플라톤식 대화'의 기능이기도 합니다. 게다가 결정적으로 『티마이오스』에서 천지창조의 신화에 관해 이야기할 때 그는 창조의 신 데미우르고스가 '여러 질료의 혼합'을 통해 세상의 물질을 만들어냈다고 하지 않았던가요?

플라톤(Platon, BC 427~BC 347)과 혼합

플라톤은 이데아론으로 유명한 철학자다. 아테네의 부유한 상류층 집안의 막내아들로 태어난 그는 소크라테스 – 플라톤 – 아리스토텔레스로 이어지는 고대 희랍 지적 전통의 핵심 인물이었다. 원래 정치가가 되고자 했던 그는 청년기에 펠로폰네소스 전쟁을 겪으면서 이전 페리클레스의 통치 아래 황금기를 누리던 아테네의 상황과 너무도 대조적인 현실을 목격했고, 전쟁 이후에 들어선 30인 과두 정권의 전제적 공포 정치를 보면서 크게 실망하여 정치에서 철학으로 관심을 돌렸다. 그는 스승인 소크라테스에게 적지 않은 영향을 받았는데, 이는 그의 저작에서 소크라테스가 대화의 주인공으로 자주 등장하는 것을 봐도 알 수 있다. 사십 대 초반에 아테네 근처에 아카데미아를 열고 학문과 강의에 주력하여 철학의 빛나는 금자탑을 쌓았던 그를 두고 영국의 철학자 화이트헤드는 "2,000년 서양 철학은 모두 플라톤의 각주에 불과하다."고 했다.

그는 천상의 이데아는 비물질적이고 영원하며 절대적 참 실재이고, 현세의 물질적·감각적 존재는 잠정적·상대적이라고 보았다. 감각에 대응되는 경험적인 사물의 세계는 기껏해야 이데아의 그림자에 불과하다는 특유의 이원론적 세계관을 제시했던 것이다. 플라톤의 초기 대화편 「메논」에서 '덕을 가르칠 수 있는가?'라는 질문에 소크라테스는 '덕이 무엇인지도 모르는데 어떻게 그 질문에 대답할 수 있겠는가?'라고 반문하는 대목이 나온다. 이는 모든 문제의 핵심이 '본질'에 있고, 덕의 본질이 곧 덕의 이데아라는 사실을 강조한 것이다. 이 같은 이데아 중심의 이원론적인 사고는 플라톤 철학의 근간을 이룬다.

그러나 이처럼 이데아론을 통해 물질과 정신을 이원적으로 엄격히 '분리'했던 플라톤은 정치 체제에 관해서는 '혼합'의 필요성에 관한 견해를 피력한다. 그는『국가』에서 철인 왕정을 이상적인 정치 형태로 제시하면서 지성을 갖춘 철인 왕이 권력을 집중하여 통치해야 한다고 주장한다. 철인 왕정이야말로 정치의 이데아에 상응하는 방식이라고 보았기 때문이다. 하지만 지성과 절대 권력을 동시에 갖춘 인물을 현실적으로 찾아보기 어렵기에 그는 차선으로 '혼합' 정체를 제시한다.『법률』에서 상세히 언급한 이 정체의 특징은 '법률에 의한 통치'와 '권력 분립'이다. 즉, 법률이 정한 바에 따라 권력을 나누어 제한적으로 행사하게 하고, 권력 행사의 주체 또한 한 사람의 군주에서 집단으로 전환한다는 발상이다. 이는 '군주정'과 '민주정'이라는 이질적인 정체의 혼합으로, 이원론적이고 분리적인 사고에 익숙했던 그도 현실 정치에 대해서는 '혼합'이라는 절충 방식을 모색할 수밖에 없었던 듯하다.

우조와 맥주를 섞은 우맥이든, 우조와 테킬라를 섞은 우테든, 우조와 토마토 주스를 섞은 우토든, 한잔 마셔보면 플라톤의 생각을 더 잘 이해할 수 있을지도 모르겠습니다. 사실, 넓게 생각해보면 일의 세계 전체가 하나의 거대한 혼합이라고 말할 수 있을 겁니다. 실제로 일의 세계는 능력의 혼합, 경험의 혼합, 지식의 혼합, 혁신, 프로세스, 결정, 반복의 혼합이 아닐까요? 인생 자체가 쾌락, 고통, 동원, 좌절, 경쟁, 성공, 실패의 혼합입니다. 그리고 무엇보다도 세상은 흥미로운 인간들의 혼합이죠. 혹시 플라톤이 현장학습을 하겠다고 코기톱에 찾아왔던 동기도 바로 이것이 아니었을까요? 모든 것이 뒤섞이는 이런 짬뽕 같은 현장을 두 눈으로 직접 목격하고, 경험하고, 애증을 느끼고, 이제 그 '순수'라는 환상을 영원히 떨쳐버리고 싶었던 것은 아니었을까요?

끝없이 계속되는 일상
반복의 미학

매일 똑같은 침대에서 일어나, 똑같은 차를 타고, 똑같은 건물에 가서, 보안카드를 대고 유리문을 열고 들어가, 직원들에게 아침 인사를 하고, 자리에 앉아 이메일을 점검하고, 커피 기계가 있는 곳에 가서 머그잔에 커피를 따라서 가지고 돌아와 책상에 올려놓고 일을 시작합니다….

이럴 때 피할 수 없이 '데자뷔' 느낌이 들기도 하죠. 게다가 이런 생활을 몇 년, 몇십 년 반복하다 보면 저절로 '영원회귀'라는 말이 떠오를 법도 합니다. 그렇게 하루가 가고 또 하루가 오기를 반복하며, 어제와 오늘이 별반 다르지 않고, 오늘이 내일과 그리 다르지 않을 겁니다. 하지만 일 년을 두고 보면 사정은 조금 다릅니다. 여름휴가를 끝내고 분위기가 시들해진 구월, 그러나 마음을 다잡고 지내다 보면 십일월까지 스트레스가 쌓입니다. 크리스마스 연휴를 전후해서 잠시 기분이 들뜨다가 새해를 맞고, 오월에는 누구나 연휴가 기다려지죠. 칠월 초 연례 세미나에는 잘 나가는 강사의 특강이 예정되어 있고, 곧 정리해고가 있으리라는 소문이 회사 내에 퍼집니다. 그리고 줄줄이 이런저런 사람들이 회사를 떠나는 송별회가 시작됩니다. 하지만 솔직히 말해서 송별회라는 것이 다 거기서 거기 아니던가요? 떠나가는 동료 선후배에게는 듣기 좋은 말만 할 뿐, 자칫 언짢을 수도 있는 속내를 털어놓는 사람은 드물죠. 어차피 다시 만나기 어려운 사람인데 구태여 나쁜 인상을 남길 필요는 없으니까요. 송별회 자리에서 고별사든 송별사든 격식을 갖춰 연설하는 동안 지루해하는 태도를 보이거나 킥킥대고 웃을 수도 없습니다. 엄숙한 자리에서 눈총을 받을 필요도 없으니까요. 그러다가 연설이 끝나면 모두가 음식을 차려놓은 상으로 쏜살같이 달려가게 마련입니다.

그렇습니다. 모든 것이 늘 회귀합니다. 파티 뒤에는 정적이 찾아오고, 밤이 지나면 낮이 찾아오고, 전쟁이 끝나면 평화가 찾아오고, 주말을 보내고 나면 어김없이 월요일이 찾아오고, 새로운 직원이 들어오고, 오래된 직원이 나가고, 아기들이 태어나고 노인들이 죽어가는 이 무한 운동은 끝이 없고, 우리는 이 운동을 '시간'이라고 부릅니다. 하지만 이 시간은 여느 시간이 아닙니다. 기독교인들이나 헤겔이나 마르크스가 말하는 직선적 시간이 아니라 희랍인들의 주기적 시간, 헤라클레이토스가 말하는 순환적 시간입니다. 니체가 기독교적 사고를 봉인하고 돌아가고자 했던 것은 결국 이 헤라클레이토스적 사고였습니다.

하지만 모든 것이 늘 돌아온다면, 우리의 조급증이나 저항감이 장애가 되지 않도록 영원회귀를 영접해야 합니다. 이런 '반복'은 인력자원실이 주최한 국제회의에서 니체가 사용한 표현처럼 '좋은 반복'이 되어야 합니다. 피아니스트가 똑같은 곡을 수없이 반복해서 연습할 때 그것이 언젠가 찾아올 성공의 조건이라는 것을 알고 있듯이 늘 더 좋은 반복이 되어야 합니다. 운동선수가 훈련에 훈련을 거듭하고, 같은 동작을 수없이 반복하는 이유는 결전의 날에 결정적으로 천재적인 동작을 보여주기 위해서가 아니겠습니까? 벌써 몇 년 전부터 일주일에 두 번씩 매번 같은 시각에 정신과 의사 진료실 벤치에 즐겨 눕는 환자도 언젠가 찾아올 치유의 순간을 향해 한 걸음 한 걸음 다가가고 있는 셈입니다. 모든 것은 리듬에 달렸습니다. 모든 것이 리듬과 방법의 문제입니다. 반복적인 훈련에 재미를 붙이지 않은 운동선수가 과연 천재적인 동작을 해낼 수 있을까요? 자기 방식대로 밤낮 건반을 두드리지 않은 피아니스트가 과연 즉흥적으로 멋지게 연주를 해낼 수 있을까요?

이런 무한 반복 앞에서는 누구나 예외 없이 하나를 선택해야 합니다. 반항기 청소년처럼 거부만 하다가 결국 운명처럼 반복되는 상황을 견디며 살아갈 것인지, 아니면 반복을 수용하고 인정함으로써 그 반복적인 상황에서 벗어날 것인지를 선택해야 합니다. 그러니 월요일 아침 자명종 소리에, 습관적인 일상에, 되풀이되는 업무와 회의와 일정에 저항하지 말아야 합니다. 왜냐면 저항은 반복이 가장 좋아하는 먹잇감이기 때문입니다. 역사의 바퀴를 굴리는 사람들은 징징대며 시간을 허비하지 않습니다. 그러니 반복을 기꺼이 수용하고, 웃으면서 '예!'라고 말해야 합니다. 그러다 보면 바로 이 반복적인 행동 덕분에 어느 날 자신도 모르는 사이에 반복에서 벗어나는 날이 기대하지 않은 선물처럼 찾아올지 누가 알겠습니까?

147

사장의 목소리
침묵의 소리

어느 집단에든 일단 속하고 나면 하기 싫은 일도 해야 합니다. 그것은 그 집단이 존속하고 균형을 유지하는 데 꼭 필요하죠. 살인하기를 원치 않는 젊은이도 나라를 지키려면 총을 들고 전쟁터로 나가야 합니다. 마음이 내키지 않아도 버릇없는 학생에게 벌을 주는 교사도 그래야만 학교가 제대로 돌아간다는 것을 잘 알고 있습니다. 환자의 상태를 위태롭게 하고 병원의 평판에 해를 끼치는 동료를 고발하는 의사도 마찬가지 상황에 놓여 있습니다. 그러나 그 집단이 우리가 품고 있는 도덕적 신념이나 지향하는 가치에 정면으로 대치되는 행동을 하라고 강요한다면, 상황은 '문제적'인 것이 되어버립니다. 그럴 때 우리는 각자 자신의 양심과 홀로 대면하게 되죠. 어떤 이는 양심의 소리를 듣고, 어떤 이는 양심을 외면하고, 또 어떤 이는 비굴했던 자신을 평생 원망하면서 살아갈 겁니다.

지금 파스칼이 바로 그런 상황에 놓여 있습니다. 푸코가 그에게 어떤 지시를 내리는지 한번 보세요, "이 DVD를 가져가서 비디오 시스템에 넣고 재생하도록 하게!" 장 필립 디외 사장이 직접 육성으로 전하는 메시지를 녹화한 DVD를 전 임직원이 보고 들을 수 있도록 비디오 회로에 연결하라는 겁니다. 하지만 이것은 파스칼에게 인정하기 어려운 지시입니다. 다른 사람도 아니고 파스칼에게 다른 존재도 아닌 신의 모습을 직접 보고, 신의 목소리를 직접 들을 수 있게 비디오 회로에 연결하라고요? 이 지시가 어떤 의미를 담고 있는지, 푸코는 과연 알고 있을까요? 푸코는 라디오 버튼만 누르면 음악이 나오듯이, 회로만 연결하면 언제든지 그 '신비'의 목소리를 들을 수 있다고 생각하는 걸까요? 이처럼 푸코는 아무렇지도 않게 파스칼이 이해할 수도, 이행할 수도 없는 지시를 내립니다.

파스칼은 '기독교의 변명'이라는 부제가 달린, 무려 천 쪽이 넘는 『팡세』라는 책에서 사람들의 신에 대한 바로 이런 태도를 비판했습니다. 신은 이성적으로 명료하게 파악할 수 있는 존재도 아니고, 전할 '메시지'가 있는 것도 아닙니다. 신은 인간에게 말을 건네지도 않고, 문자 메시지를 보내지도 않습니다. 신은 '소통'하지 않습니다. 어쨌든 인간의 이성적 언어를 사용하지 않습니다. 파스칼은 늘 '이성적 진실'과 '감성적 진실'을 구분해왔습니다. 신은 이성적 진실을 대변하는 존재가 아니라 인간의 마음을 향한 존재, 홀로 있는 정적의 어둠 속에서, 혹은 눈을 뜰 수 없이 찬란한 광휘 속에서 현신하는 존재입니다. 파스칼은 "신음하며 찾는 사람들만을 인정해야 한다."는 멋진 말을 남기기도 했죠. 이처럼 신에게 접근하기는 쉽지 않습니다. 신의 목소리를 듣고자 하는 사람은 오랜 세월 혼자 묵묵히 소망해야 합니다.

교회의 제단 주위에 모인다고 해서, 혹은 회사를 떠나는 직원을 위한 송별회에 모인다고 해서 신의 목소리를 들을 수는 없습니다. 파스칼은 사회

적 종교 모임이나 사교계의 종교적 의식을 혐오하지는 않았습니다. 그도
한때는 사교계 인사였고, 왕궁에 드나들어 허영이 어떤 것인지를 잘 알고
있었으니까요. 한마디로 자기가 무슨 말을 하는지를 알고 있는 총명한 인
물이었다는 겁니다. 그는 신의 존재를 이성적으로 증명하려고 했던 성 안
셀무스*, 성 토마스 아퀴나스*, 데카르트, 심지어 라이프니츠 같은 자들에
게 분노를 느꼈습니다. 그가 볼 때 신의 존재를 증명한답시고 엉뚱한 논리
나 공식 따위를 들이대는 태도는 신을 모니터 화면에 나와 손에 마이크를
들고 연설을 늘어놓는 흰 수염 난 노인으로 희화하는 짓이나 다름없었죠.
신은 무엇으로도 환원될 수 없는 존재입니다. 그렇게 믿지 않는다는 것은
신을 믿지 않는 것이나 다름없습니다. 신의 언어를 안다고 주장하는 것도
신을 믿지 않는 것이나 다름없습니다. 신은 스스로 증명하지 않습니다. 단
지 인간이 신을 체험할 뿐이죠. 신이 인간에게 무언가를 말하는 것이 아니
라 인간이 그의 이름을 애타게 부를 따름입니다.

안셀무스 칸투아리엔시스(Anselmus Cantuariensis, 1033~1109)

초기 스콜라 신학자. 북이탈리아의 아오스타에서 태어났다. 노르망디의 베크 수도원에서 수련하고 후에 그곳 원장이 되었다. 1093년 캔터베리 대주교에 임명되어 평생 그 자리를 떠나지 않았다. 그는 '모르기에 믿는다'는 원칙에 따라 신앙과 이성의 동적 연관을 추구했으며 신앙을 초자연적·비이성적으로 해석하는 태도도 자연적 이성으로 해석하는 태도도 지양하면서 신학 고유의 인식 방법을 구축하여 시대를 초월한 신학의 모범이 되었다. 최초의 저작『모놀로기움』에서는 지고의 존재가 삼위일체가 되는 과정을 논증하고, 『프로스로기움』에서는 역으로 삼위일체에서 신의 존재가 개념적으로도 필연적이라는 사실을 논증했다. 이 과정에서 지고의 존재는 희랍적인 영원 부동의 신이 아니라, 삼위일체로서 작용하는 활동적 존재임을 밝혔다. 캔터베리로 옮기면서 논쟁도 많이 썼는데『신은 왜 인간이 되지 않았나』는 신학 사상 불후의 책이다. 이 책에서 그는 속죄는 신의 영광을 위해서 해야 한다는 점, 인간은 죄 때문에 신에게 돌려야 할 것을 돌리지 않았기에 신이 나서서 예수를 통해 이를 이루었다고 주장하고, 하나님 아들의 육화(肉化) 필연성을 밝혔다. 여기서 처음으로 육화와 속죄, 은혜와 자유의 일치라는 기독교 신학의 근본 명제가 성립되었다. 캔터베리에서 서임권 투쟁에 휘말려 국왕으로부터 교회령을 몰수당하고 국외로 추방될 위기에 몰렸으나 화해에 성공해 정교 협약의 기초를 다졌다.

토마스 아퀴나스(Thomas Aquinas, 1224/5~1274)

이탈리아의 가톨릭 신학자, 도미니크 교단의 수사. 알베르투스 마그누스의 제자. 그는 아리스토텔레스의 철학 중에서 유물론적 요소를 제외한 관념론적 요소와 제1 원리로서의 신의 개념 등을 기독교에 적용했다. 또한 신(新) 플라톤학파의 초자연적인 신적 세계라는 개념도 수용했다. 그는 신앙과 이성의 조화를 찾을 때 이성을 통해 신의 존재를 증명할 수 있고, 종교적 진리에 대한 반대를 논박할 수 있다고 보았다. 그리고 철학은 '신학의 시녀'이기에 진실한 것이라고 보았다. 아울러 봉건 사회의 질서에 조응하여 존재하는 모든 것은 신의 계층적 질서에 속한다고 설명했다. 그의 철학이 기독교인들로부터 칭송받는 이유는 중세 시대 몰락 위기에 놓여 있던 기독교를 철학적으로 완성했다는 데 있다. 그는 아우구스티누스와 안셀무스를 거쳐 형성된 기독교 철학을 독창적으로 발전시키고 철저한 경험적 방법과 신학적 사변을 양립하여 독자적인 종합을 가능하게 했다. 그는 거의 모든 학문 영역에서 종합화를 이룩함으로써 중세 사상의 완성자가 되었지만, 동시에 그가 신 중심의 태도를 유지하면서도 인간의 상대적 자율성을 확립한 일은 곧 신앙과 신학을 배제하는 인간 중심적·세속적 근대 사상을 낳는 운동의 기점이 되기도 했다.

얘기 좀 해!
회사에서 대화하기

    실장이든 부장이든 팀장이든 부서를 이끄는 책임자가 실망스럽다면, 게다가 치졸하기까지 하다면 회사 생활은 참으로 고달파집니다. 우선 부당하다는 생각부터 들죠. 서류 하나 제대로 작성하지 못하는 사람이 부서 책임자랍시고 높은 자리에 앉아서 대체 뭘 하고 있는 것인지, 생각하면 짜증이 납니다. 그러나 무엇보다도 자신이 모욕당하고, 존중받지 못하고 있다는 기분을 견디기 어렵습니다. 이처럼 부서장의 수준은 부서 전체의 수준에 영향을 미칩니다. 나를 대표하는 윗사람이 가치 없는 인물이라면 나는 대체 어떤 사람이 되는 걸까요? 대통령이 자기표현조차 제대로 할 줄 모르고 비서관들이 써준 담화문이나 앵무새처럼 읽고 있다면, 카리스마도 없고 말재주도 없는 인물이 기업의 대표직을 맡고 있다면, 그로 인한 결과는 참담할 겁니다. 우두머리가 한심하면 국민도 직원도 그만큼 위축되게 마련이죠. 그러나 이와 반대로 우두머리가 위대한 리더라면 추종자들도 한결 성장한 듯한 느낌이 들고, 우두머리가 영감을 주는 리더라면 추종자들도 고양된 기분을 느끼게 될 겁니다.

리더십은 코기톱에서 고질적인 문제가 되어버렸습니다. 회사와 전 직원을 대표하는 장 필립 디외 사장이 대중 앞에서 연설하는 훈련이 전혀 되어 있지 않기 때문입니다. 어떻게든 그에게 '말하기'의 핵심적인 사실들을 알려줘야 합니다. 즉, 말 자체가 중요한 것이 아니라 그 말이 화자에게 진정으로 녹아들어야 하고, 화자가 그 말의 화신이 되어야 하며, 대중 앞에서 말할 때에는 묵직한 존재감을 드러낼 수 있어야 합니다. 그러려면 전문적인 훈련이 필요하죠. 이런 '웅변술'을 위한 효과적인 훈련 방법들이 있습니다. 우선 말을 시작하기 전에 긴장된 분위기에서 화자의 말을 기다리고 있는 청중을 바라보면서 그 침묵을 이겨내는 훈련을 해야 합니다. 말을 꺼내기 전에 청중에게, 적어도 몇몇 사람에게 시선을 보내고 나서 말을 시작해야 합니다. 시선을 둘 곳, 일종의 기준점을 정해두는 것이죠. 그렇게 하면 연설을 계속하면서 청중의 눈에서 반응을 보고, 나머지 연설을 스스로 수정해가면서 진행할 수 있습니다. 이것은 청중의 관심을 계속 유지하고, 청중에게 적응하면서 연설할 수 있는 가장 좋은 방법입니다. 왜냐면 연설의 핵심은 청중의 마음을 사로잡는 것이기 때문이죠. 그런 다음에 목소리를 높여 너무 빠르지 않은 속도로 이미 눈을 맞춘 청중을 바라보며 말을 계속하면 됩니다. 그리고 마지막으로 단지 입으로 발화할 뿐 아니라 몸을 써야 합니다. 연사가 몸을 전혀 움직이지 않고, 장대처럼 서서 말만 계속하면 청중은 지루해져서 슬슬 졸기 시작하죠. 연단 위에서 몇 걸음씩 걷고, 이쪽저쪽으로 오가면서 말을 계속하는 것이 좋습니다. 이런 동작은 매우 중요합니다. 왜냐면 결정적인 순간에 갑자기 동작을 멈춰서 청중이 주의를 최대한 기울이게 한 상태에서 중요한 내용을 또박또박 청중의 뇌리에 새기듯이 이야기하는 것이 효과적이기 때문입니다.

이처럼 디외 사장의 연설 능력을 개선할 방법들이 있지만, 정작 본인은 그것을 모르고 있습니다. 그래서 계속 실수를 저지르고 있는 것이죠. 연설은 어쩌면 춤과 같은 것인데, 디외 사장은 춤을 출 줄 모릅니다. 춤은 스텝 자체가 중요한 것이 아니듯이 연설도 문장 자체가 중요한 것이 아닙니다. 흔히 '감성적 지성'이라는 말을 합니다만, 지성이 아무리 감성적이어도 그것을 표출하지 못하면 아무 소용 없겠죠.

스피노자가 디외 사장의 말을 물고 늘어지는 것을 보면 사장에게 앙심을 품고 있는 것이 틀림없습니다. 조금이라도 틈이 보이면 가만두지 않는군요. 사실 그의 앙심은 어제오늘의 일이 아닙니다. 1656년 그는 유대인 공동체에서 추방당했고, 신을 기독교에서 말하는 인격적인 신이 아니라, '영원하고 무한한 본질을 표현하는 무한히 많은 속성으로 구성된 유일한 실체'로 정의하는 범신론적 신념을 표방했다는 이유로 교회에서도 파문당했습니다. 그가 '신'이라는 말이 기독교와 같은 일신교에서만 독점적으로 사용할 수 있는 것이 아님을 넌지시 암시했을 때 당시 교회에서 그를 어떻게 생각했을지는 짐작하고도 남음이 있습니다. 게다가 그는 종교적 편견과 미신에 대한 신랄한 비판으로 해석할 수 있을 만한 글을 여러 편 썼습니다. 이단자가 되어버린 스피노자는 자신의 글을, 당시에는 매우 희귀했던, 자유로운 정신의 소유자들에게만 공개하기로 마음먹었습니다. 예를 들어 라이프니츠 같은 사람 말입니다. 실제로 스피노자는 멀쩡한 대낮에 대로에서 어느 광신자에게 공격당해 칼에 찔릴 뻔했던 적도 있었습니다. 그는 자신의 대작 『윤리학』을 헤이그에서 집필했고, 이 책은 그의 사후에야 출간될 수 있었습니다. 코기톱에서 떠도는 소문으로는 만약 디외 사장이 해고하면 그는 곧바로 헤이그로 돌아갈 작정이라고 하는군요.

* 야채와 고기를 볶고, 화이트소스를 뿌려서 구운 그리스 전통 요리.

164

최악의 만남
서양이 시선을 중국으로 돌릴 때

살아가면서 저지르는 작은 실수들이 있어서 우리는 얼마나 행복한지 모릅니다. 모든 것이 미리 준비되고 예정된 것들로 넘치는 세상에서 실수는 '프로세스'의 거대한 바퀴가 돌아가는 데 방해가 되는 작은 돌멩이 같은 것이죠. 우리가 저지르는 실수는, 무의식적으로 드러난 심리적 욕구의 표현이 아니라면, 우리 자신과 관련된 것이 아니라 흔히 그 실수의 희생자나 증인이 된 사람들의 어떤 면을 드러내 보여줍니다. 이처럼 실수에는 매끄러운 겉모습들로 이루어진 세상에 갑자기 뚫린 구멍 같은 역할을 하는 힘이 있습니다. 예를 들어 어느 우아하고 격조 높은 집안의 가장을 상상해 봅시다. 완벽하게 옷을 차려입은 그는 구김 하나 없이 깨끗한 흰 와이셔츠를 입고 있습니다. 그런데 세 살짜리 아들 녀석이 그 눈처럼 흰 셔츠에 초콜릿 아이스크림을 떨어뜨렸습니다. 깜짝 놀란 아버지는 아들에게 고함을 지르거나, 안타까운 눈길로 아들을 바라보거나, 아무 일도 없었던 듯이 행동하겠죠. 자발성의 돌출을 엄격하게 금지하는 규범화된 기업이라는 세계에서 실수는 흰 셔츠에 남은 얼룩처럼 그동안 숨겨졌던 모습을 선명하게 드러내는 역할을 합니다.

플라톤은 엄청난 실수를 저지릅니다. 니체의 옷에 무사카를 엎어버리는 황당한 실수를 저지른 것도 모자라서 중국인들과 공동 서명한 계약서 원본을 망쳐버리는, 돌이킬 수 없는 실수를 저지릅니다. 니체의 반응에서 알 수 있듯이 플라톤의 실수는 코기톱만이 아니라 서양의 아픈 곳을 찌르는 끔찍한 행동이었습니다. 그의 실수로 중국과 만나려던 코기톱의 시도는 다시 한 번 좌절되었고, 그렇게 동양과 서양의 만남 또한 실패로 끝났습니다.

오늘날 중국에서 생산된 엄청난 양의 제품이 서양으로 물밀 듯이 쏟아져 들어온다고 해서 동양과 서양의 만남이 이루어지고 있다고는 말할 수 없습니다. 오히려 그 반대죠. 서양은 동양이 스스로 자신을 배반하는 방식을 만나고 있을 뿐이며, 싼 노동력을 이용해 온갖 잡동사니를 만들어내고 있는 중국은 전통적인 중국과는 전혀 다른 중국입니다. 아니, 상태는 이보다 훨씬 더 심각한 것 같습니다. 위기를 맞은 서구 자본주의의 기세가 어쩔 수 없이 꺾이고 있는 사이에 중국의 자본주의는 가장 나쁜 형태의 서구 자본주의를 모방하면서 세계 정복에 나섰기 때문입니다. 서구의 기업들이 다양한 세미나에서 대규모 회의에 이르기까지, 팀을 단위로 한 인력 운영에서 직원들의 교육에 이르기까지 여러 가지 구상을 통해 '사람에게 투자'하고, 노동 환경 개선과 복지를 고려하고, 참여 경영에 중국식 선(禪) 개념을 적용하고 있는 사이에 중국의 기업들은 고용계약서도 없는 노동자들과 가장 나쁜 형태의 성공 제일주의 이념 세례를 받은 임원들을 고용해서 지구 전체를 사들이고 있습니다. 다시 말해 서양인들은 스스로 자신을 닮지 않으려고 애쓰고 있는 반면, 중국인들은 서양인들을 닮으려고 애

쓰고 있는 엉뚱한 상황이 벌어진 겁니다. 동양과 서양의 만남은 이렇게 또 한 번 실패로 끝나고 말았습니다.

이런 상황에서 니체가 어찌 냉정을 유지할 수 있겠습니까? 게다가 그에게 중국과 관련된 일은 늘 복잡다단했습니다. 한편으로 니체는 중국의 불교를 경멸했습니다. 왜냐면 불교는 기독교와 마찬가지로 현실 세계를 부정하고, 이승의 삶을 하찮게 여기고, 불멸하는 영혼에 대해 거짓된 믿음을 심어주기 때문이었죠. 니체는 고통스러운 금욕을 강요하는 칸트에 대해 불평을 늘어놓을 때 그를 '쾨니히스베르크의 중국인'이라고 부르기까지 했습니다. 그러나 다른 한편으로 니체는 중국 사상에 대해 진지하게 관심을 보였고, 거기서 자신의 사고와 유사한 점을 발견하기도 했습니다. 바로 정체성의 환상에 대한 비판이었죠. '나'라는 존재를 일종의 환상으로 정의하고, 거기서 이성의 힘이라는 것이 얼마나 제한적인지를 의식했던 겁니다. 그때 니체는 중국 정신에서 희랍인들의 로고스만이 아니라 유대-기독교적인 '도덕'을 공격할 수 있는 결정적인 무기를 발견했습니다. 그는 서구적 사고를 파괴하는 거대한 작업을 계속하는 데에도 이런 중국의 사유에 즐겨 의지했죠.

그런데 이것이 니체가 분노한 진짜 이유였을까요? 중국과의 만남이 다시한 번 실패로 끝난 것이 희랍인 플라톤의 실수 때문이라는 사실에 더욱 분노했던 것은 아닐까요? 게다가 평범한 희랍인이 아니라 플라톤 아닙니까! 니체는 플라톤이 희랍인 중에서도 가장 기독교적인 인물이라고 여러 차례 글로 쓴 적이 있습니다. 플라톤은 성 바울만큼이나 '여기, 지금 이 순간'을 부정하고 '하늘나라'만을 섬기는 인물이 아니었던가요? 비록 그 하늘나라가 신의 왕국이 아니라 이데아의 왕국이긴 했지만.

아크로폴리스
취업의 전당

일하는 인간은 짐승만도 못합니다. 사자가 고작 비바람을 피할 지붕과 영양 한 마리를 얻기 위해 일주일에 35시간을 일해야 하는 신세를 견딜 수 있을까요? 곡식 한 줌과 양철 지붕으로 덮인 우리 한 칸을 얻기 위해 매일 똑같은 일을 해야 한다면, 염소는 과연 어떤 반응을 보일까요? 오로지 먹고, 마시고, 자기 위해 일하는 동물은 인간밖에 없습니다. 직업이 있는 사람 중에서 오로지 '생존'하는 데 필요한 것을 구할 수 있는 정도의 돈을 버는 사람이 무려 40%에 달합니다. 다시 말해 그들은 오로지 살아남기 위해 일하고 있습니다. 이런 상황에 놓여 있을 때 사람들은 대체 인간이라는 것이 무엇이냐는 질문을 스스로 던질 수밖에 없죠.

일은 육체에도 억압으로 작용합니다. 정해진 시각에 일터에 와야 하고, 정해진 시각까지 거기에 있어야 하며, 그사이에 자리를 지켜야 하고, 전화가 걸려오면 반드시 받아야 하고, 등을 구부리고 컴퓨터 자판을 두드려야 합니다. 이처럼 일은 노동자의 육체에 어떤 자세를 강요합니다. 일은 명상을 방해하고, 나태를 금지하죠. 일은 미학적 감성에 배타적이고, 이타적 행동을 용납하지 않습니다. 자신이 선택하지 않은 사람들과 매일 섞이게 하고, 그들의 정치적 의견을 인정하기 싫은 사람들, 입 냄새가 역겨운 사람들, 교활하고 야비하고 어리석고 천박한 사람들, 듣기 싫은 자기 자녀 자랑을 끝없이 늘어놓는 사람들과도 싫든 좋든 협조하며 함께 지내게 합니다. 그리고 무엇보다도 일은 어디든 따라다녀서 휴가 중에도, 친구들과 술집에 있을 때도, 연인과 저녁 식사를 할 때도 끈질기게 달라붙어 떨어지지 않습니다.

"넌 요즘 무슨 일을 하고 있어?" 친구들과 만날 때 건너뛸 수 없는 질문이죠. 일은 우리를 규정하고, 우리를 환원합니다. 게다가 기술의 발달 덕분에 일은 우리한테 더욱 끈질기게 달라붙고, 우리를 간섭합니다. 여름휴가를 보내는 해변에까지 이메일이 도착하고, 침실에서도 SNS는 이런저런 질문을 퍼붓습니다. 일에서 벗어나기 위해서는 일을 처리해야 하고, 그렇게 우리는 일을 능숙하게 다루게 되었다고 믿지만, 사실은 우리가 일에 점점 더 길들 뿐입니다. 일은 매일 우리를 부릅니다. 소파에서 감자칩을 먹으며 텔레비전을 보거나 나이트클럽에서 밤을 지새우기보다는 자기가 하는 일에 대해 치열하게 공부할 때, 그리고 자기가 가지고 있는 수단들을 최대한 활용하여 연구할 때 우리는 연예인도 될 수도 있고, 대통령도 될 수도 있습니다. 결국, 마르크스가 말했듯이 일의 지배를 받는 우리는 철저하게 수탈당하거나 완벽하게 소외될 수도 있습니다. 일은 모욕이나 실망, 굴종, 좌절, 고통의 동의어가 될 수도 있습니다. 그럴 때 직장은 빠져나올 수 없는 감옥, 죽은 야망이 누워 있는 묘지, 어떤 신도 절대 얼굴을 드러내지 않을 기적의 안마당이 될 수도 있습니다. 이 모든 것은 엄연한 사실입니다. 하지만 일의 지배를 받으며 사는 것보다 더 끔찍한 일이 있다면 그것은 바로 일하지 않고 사는 것입니다. 일에서 해방된 사람은 오히려 일의 노예가 된 사람보다 삶이 더 비참합니다. 그렇지 않다면 왜 기온이 섭씨 40도를 웃도는 살인적인 더위 속에서 저 대단한 철학자들이 아크로폴리스 직업소개소 앞에 끝이 보이지 않는 긴 행렬을 이루며 서 있겠습니까?

철학 주식회사

1판 1쇄 발행일 2015년 3월 10일
1판 2쇄 발행일 2016년 9월 30일
글쓴이 | 샤를 페팽
그린이 | 쥘
옮긴이 | 이나무
펴낸이 | 임왕준
편집인 | 김문영
펴낸곳 | 이숲
등록 | 2008년 3월 28일 제301-2008-086호
주소 | 서울시 중구 장충단로 8가길 2-1(장충동 1가 38-70)
전화 | 2235-5580
팩스 | 6442-5581
홈페이지 | http://www.esoope.com
블로그 | http://blog.naver.com/esoope
Email | esoope@naver.com
ISBN | 979-11-85967-12-7 03160
ⓒ 이숲, 2015, printed in Korea.

◆ 이 도서의 국립중앙도서관 출판시도서목록(CIP)은 e-CIP홈페이지(http://www.nl.go.kr/ecip)와 국가자료공동목록시스템
    (http://www.nl.go.kr/kolisnet)에서 이용하실 수 있습니다.(CIP제어번호: CIP2015004461)

테레즈 다빌라
비서실장

장-폴 사르트르
기획관리실장

소크라테스
영업부장

스피노자
고객관리부장

데카르트
홍보부장

헤라클레이토스
콘텐츠개발부장

볼테르
영업1과장

루소
영업2과장

키르케고르
고객관리1과장

공자
고객관리2과장

토크빌
고객관리3과장

부르디외
콘텐츠개발1과장

몽테뉴
영업지원담당
(비정규직)

아렌트
영업관리담당
(비정규직)

쇼펜하우어
영업개발담당
(비정규직)

파스칼
고객지원담당
(비정규직)

데리다
유지보수담당
(비정규직)

장 필립 디외
사장

니콜로 마키아벨리
자문역

프리드리히 니체
인력자원실장

미셸 푸코
보안감시실장

프로이트
심리상담관

몽테스키외
법무부장

라이프니츠
회계부장

칸트
관리부장

디오게네스
콘텐츠개발2과장

벤야민
자료복사과장

드보르
자료기록과장

사드
총무과장

아리스토텔레스
관리과장

에피쿠로스
무보직사원
(비정규직)

아퀴나스
노조임원
(비정규직)

마르크스
노조위원장
(비정규직)

플라톤
인턴사원
(임시직)

BHL
배달사원
(비정규직)